JN240592

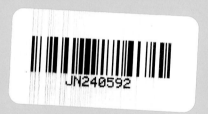

今日から
モノ知り
シリーズ

トコトンやさしい

物流現場改善の本

近年、物流現場改善に大きな注目が集まっています。コスト低減や在庫圧縮のほか、トラックドライバー不足対策やホワイト物流など、社会的な要請にあわせた変化も進めていかなければなりません。物流現場改善を基本からやさしく解説します。

鈴木邦成

B&Tブックス
日刊工業新聞社

はじめに

「現代経営のカギを握るのは物流」という時代になりました。いかに高性能、高品質の商品を開発、販売しても、物流を疎かにしていると、経営面で窮地に陥ることも少なくありません。物流ネットワークを効率的に構築していかなければ、企業競争で勝ち残ることはできません。

物流が注目されている流れを受けて、物流現場の改善にもこれまで以上に関心が集まっています。物流コストの低減や在庫圧縮はもちろん、大きな社会問題であるトラックドライバー不足対策として働き方改革やホワイト物流の推進、環境にやさしい物流システムの構築も求められています。製造業でも小売業でも、物流現場改善を推進していくことが社内共通の認識となってきました。高校や大学の授業でも物流について取り上げられることが増えています。「物流現場改善」を理解することが、インターネット通販などの最新のビジネスモデルを理解するうえでも欠かせなくなりました。

本書では、まず第1章「物流現場　基本のき」で、物流現場の現状を説明します。トラック、フォークリフトなどが往来し、倉庫から物流センターへと進化した物流現場でどのように実務が行われているのかを最新の視点で解説していきます。

第2章「物流現場改善って何をするの?」では、「物流現場の改善前と改善後はどのように違うのか」「物流現場改善の狙いはどのような点か」「どのようなポイントを優先して物流現場改善を行えばよいのか」といった物流現場改善の基本をわかりやすく丁寧に解説します。

第3章「輸送現場の改善ってどうするの？」では、物流現場のなかでも輸送部門の改善に焦点を絞り、トラック、船舶、鉄道、航空機などの異なる輸送手段の物流における特性をくわしく説明します。そして、輸送部門における現場改善の方針や方向性、改善事例をわかりやすく紹介します。

第4章「工場現場の物流改善ってどうするの？」では、工場起点の製造業の物流現場改善について、生産計画や生産管理との関係や複雑な部品在庫などの管理をジャストインタイム（ＪＩＴ）などとの関係もふまえて、わかりやすく解説します。

第5章「倉庫・物流センター現場の改善ってどうするの？」では、ネット通販市場の拡大などを背景に、小売業や卸売業の最新の物流センターにおける現場改善の流れを解説します。あわせて物流現場改善の考え方や事例をわかりやすく説明します。

第6章「包装・梱包・荷姿の改善ってどうするの？」では、物流包装に必要な段ボール箱、通い箱、パレットなどの役割を解説し、それぞれの特性に合わせた改善方法を解説します。標準的な寸法を理解し、ＩＴツールなどと組み合わせて活用することで現場改善の効果が大きく上がります。

第7章「物流現場の人材教育ってどうするの？」では、労働力不足が懸念されている物流現場で「どのように人材教育、現場研修などを実施すればよいか」「物流現場改善に必要な資格は何か」といった疑問に対してわかりやすく解説します。機械化が進む物流現場では、エンジニアや経営的な視点を持った人材がこれまで以上に求められています。

第8章「これからの物流現場改善ってどうするの？」では、手作業中心だった物流現場がＩＴ

やDX（デジタルトランスフォーメーション）の導入、さらには省人化、自動化、無人化などに進む大きな流れでいかに変化していくのか、わかりやすく解説します。これからの物流を考えるヒントが得られるように、物流現場の大きな変化を丁寧に説明します。

本書では物流現場改善の基本的な考え方を、最新理論や実務知識なども交えつつ、はじめて物流に触れる人にもわかりやすく説明しました。もちろん、これまで物流の実務に携わっていた方が「基本事項の再確認、再入門」にも活用できるように、物流現場改善の基本知識を体系的にまとめています。通勤、通学の際にも簡単に目を通せるように、それぞれの項目を見開き2ページでまとめ、内容を視覚的にフォローするための図、イラストを豊富に用いています。

本書を通して物流現場改善の基本を理解し、読者のみなさんが抱える物流の課題に対して、解決に至るさまざまな糸口が見つかることを祈ってやみません。

2024年10月

鈴木邦成

目次 CONTENTS

第1章 物流現場基本のき

第2章 物流現場改善って何をするの？

第3章 輸送現場の改善ってどうするの？

第4章 工場現場の物流改善ってどうするの？

第5章 倉庫・物流センター現場の改善ってどうするの？

第6章 包装・梱包・荷姿の改善ってどうするの？

第7章 物流現場の人材教育ってどうするの？

第8章 これからの物流現場改善ってどうするの？

【コラム】

第1章
物流現場　基本のき

1 物流現場ってどこを指すの？

工場、物流センター、店舗で展開されるモノの流れ

現代の企業活動における物流の重要性は高まるばかりです。物流コストの削減や物流システムの効率化が大きな課題としてあげられることも少なくありません。ただし、こうした一連の物流革新は、本社の経営陣の指示だけで進められるものではありません。日々の実務のなかで「困った」と思う課題が発生した場合、その解決を現場レベルで行う必要に迫られます。

ここでは、物流に関する実際の作業が行われる工場や物流センターなどを「物流現場」と捉えます。物流の主要機能は、輸送、保管、荷役、流通加工、包装の5つとされています。これを「物流の5大機能」と呼んでいます。近年は情報管理を加えて「物流の6大機能」ということもあります。物流現場ではそれぞれの主要機能について、現状を分析し、課題を抽出し、改善案を練り、改善内容を検討していきます。

物流センターでは、トラックが貨物を運び入れてくる入荷作業、入荷した貨物の検品と、それに続く保管エリアへの入庫・格納・保管までの作業が物流の一連の流れとなっています。保管されている貨物は出荷依頼に基づいて、ピッキング、仕分けが行われます。そして出荷検品、梱包作業を経て出荷されます。

物流現場改善とは、現場の目線で課題を抽出し、改善する取り組みを行っていくことです。たとえば、入荷検品でミスが頻発していれば、その原因を調べて、改善すべき課題を抽出します。貨物取扱量、作業者数などの現状値を分析して、改善の目標値を設定したり、作業手順を見直したりします。

分析した後は、物流現場をどのような工夫で改善できるのか検討します。手作業をマテハン（マテリアルハンドリング：物流関連機器）に切り替えたり、アナログの伝票などをデジタル化したりする改善も行われます。物流現場改善では、物流センターなどの実務に即したモノの流れを把握し、現場サイドから最適化を目指します。

要点BOX

- 物流現場で、入荷、保管、出荷などの一連の物流センター業務を管理
- 物流の諸機能ごとに改善策を検討

物流現場と物流の５大機能

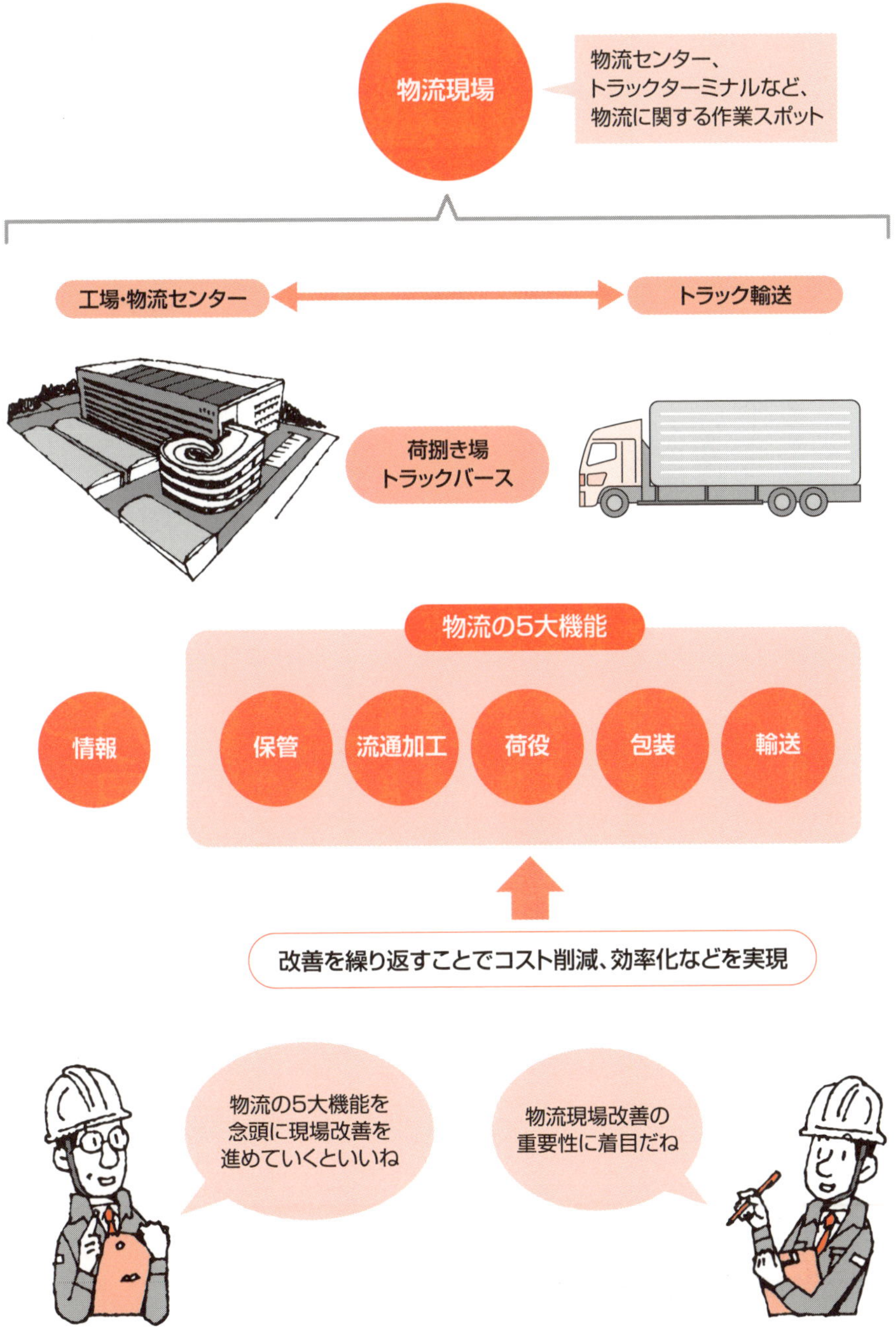
物流現場
物流センター、
トラックターミナルなど、
物流に関する作業スポット
工場・物流センター
トラック輸送
荷捌き場
トラックバース
物流の5大機能
情報
保管
流通加工
荷役
包装
輸送
改善を繰り返すことでコスト削減、効率化などを実現
物流の5大機能を
念頭に現場改善を
進めていくといいね
物流現場改善の
重要性に着目だね

2 輸送を担うトラック、船舶、鉄道、航空機の現場

物流・ロジスティクス領域の中核となる機能

輸送は物流における中軸的な機能です。生産地から消費地までのモノの流れはトラック、船舶、飛行機などによる輸送で成り立っています。これらの輸送のルート最適化や関連する作業効率の向上を念頭に置いて現場改善が行われます。ここでは輸送の現場を、輸送の前段階にあたる出荷準備、すなわちトラックなどへの積込み作業、輸送中、そして輸送完了後のトラックなどからの積卸し・荷捌き作業までの範囲と考えます。

輸送の視点から、物流現場を順に追ってみていくと次のようになります。まず、出荷準備として工場や物流センターでトラックに荷を積込みます。その際、トラックの荷台に荷物をどのようにどれくらい積込むかを工夫します。積込み方法についても段ボール箱をそのまま積込むか、パレットに載せるか、かご車に載せるかなど、いくつかの選択肢があります。

合わせて、配車、傭車の手配も行います。荷物の量から、どの容量のトラックを何台使うかといった判断を行います。なお、傭車とは自社トラックではなく物流会社など他社のトラックをチャーターして活用することです。船舶の場合は傭船といいます。

輸送中の最適化も重要になってきています。「過積載がないか」「過密運行になっていないか」をチェックしなければなりません。偏荷重の回避も重要です。偏荷重とはトラックの積荷が荷台に均等分散されておらず、前後左右のいずれかに偏った状態を指します。偏荷重は荷崩れや横転の原因になります。また、医薬品など温度管理を必要とする荷物を運ぶ冷凍冷蔵車では、コンテナの扉付近と奥側など、場所によって温度のバラつきが発生しないよう注意する必要もあります。

納品に関わる荷待ちや手待ちの解消、積卸しや積卸し後の荷捌き作業の効率化なども輸送現場で改善が求められます。

要点BOX

- 輸送ルートの最適化を検討
- 輸送手段によって荷姿が異なる
- 前準備である積込み・積卸しの効率化を推進

主な輸送モードの現場改善の範囲

輸送 ― 物流の5大機能の中心

主な輸送手段

鉄道輸送
- 二酸化炭素や、窒素化合物の排出量が少ない。モーダルシフト輸送、貨客混載などの選択肢あり
- 戸口から戸口への配送は不可能

船舶輸送
- 大量輸送が可能
- CO_2排出量が少ない
- 悪天候の影響を受ける
- 戸口から戸口への輸送を行うことは不可能

トラック輸送
- 軌道を必要としない
- 戸口から戸口への輸送の最善の手段。面的な輸送サービスを柔軟に提供することが可能

航空輸送
- 迅速な長距離輸送が可能だが短距離輸送には不向き。重量物の大量輸送も不向き
- ドローンなどの無人飛行機を遠隔地、離島などの配送に活用

現場改善の関連領域

- 鉄道輸送：コンテナ積替えなどの通運、駅内運搬なども含む
- 船舶輸送：港湾荷役、港湾運送（トラック）、フォワーディング、傭船、海上コンテナ管理なども含む
- トラック輸送：配車、傭車、荷捌き、積込み・積卸しなども含む
- 航空輸送：航空フォワーディング、空港内運搬、荷捌き、航空コンテナ管理なども含む

この他にも近年は
ドローン配送などが
注目されているよ

トラックと船舶輸送や
鉄道輸送を組み合わせた
モーダルシフト輸送も
改善の選択肢だね

3 保管・荷役・流通加工を担う工場倉庫、物流センター

サプライチェーンの司令塔となる物流センターを支える機能

工場倉庫、物流センターはサプライチェーンの中核的な役割を担っています。主に保管、荷役、流通加工の3機能が一連のオペレーションを司っています。

そのなかでも中心的な機能は保管です。生産物流の場合、完成品のみならず半製品、仕掛品、部品、材料の在庫も持ち合わせています。倉庫や物流センターは、これらの在庫管理が重要な役割を果たします。現場で多くみられる課題としては、コンピュータ在庫と実在庫が合わない、すなわち在庫精度に誤差が生じることが挙げられます。考えられる要因として、入荷における検収・検品のミスがあります。アイテムの照合ミスや個数のカウントミスにより、出荷依頼が出ても欠品状態であったり、個数が足りなかったりする問題が起こることがあります。

また、納品された貨物を庫内に運搬したり、貨物を出荷エリアに運んだり、フォークリフトで荷捌き、積込む作業など行ったりすることを荷役といいます。荷役に際して、効率的に貨物の運搬ができなかったり、積込みに時間がかかったりするようならば、現場の視点で改善を行う必要があります。

保管されているアイテムの出荷に際しては、間違いなく出荷できるように検品、梱包を行います。近年の物流センターでは、出荷するアイテムを箱詰めしたり、袋詰めしたり、セット詰めしたりする作業なども行います。これらのような、物流センター内で行う簡単な加工作業を流通加工（物流加工）といいます。流通加工は取り扱う貨物や納品する顧客の要望で幅広く行われます。しかし、それゆえに非効率な作業が発生するケースも少なくありません。顧客満足を実現しつつも、ムダ、ムラ、ムリのないかたちで庫内オペレーションを推進していく必要があります。そのためには作業者数、作業時間の最適化を実現し、作業の段取りを整えて、効率的なセンター運営の実現を目指さなければなりません。

要点BOX

●保管効率の向上を図り、物流コストを削減
●物流センターの役割は多様化している
●庫内作業のムダ、ムラ、ムリを解消

物流センター業務の概観

物流センター

入荷・入庫	在庫・棚卸	出庫・出荷

実績管理／進捗管理

入庫作業・入荷検品、出庫作業（ピッキング、仕分け）、出荷検品など

入荷・入庫
- 入荷予定情報
- 入荷検品
- 格納・ロケーション（指示・登録）

在庫・棚卸
- 在庫ロケーション（登録・変更など）
- 在庫・棚卸
- 格納・ロケーション（指示・登録）

出庫・出荷
- 出荷（指示・登録）
- 在庫引当・解除
- ピッキング指示
- 出荷検品

明細書作成機能

運賃明細書、入荷/出荷明細報告書、運賃明細報告書、保管料 ・ 荷役料明細請求書などの作成

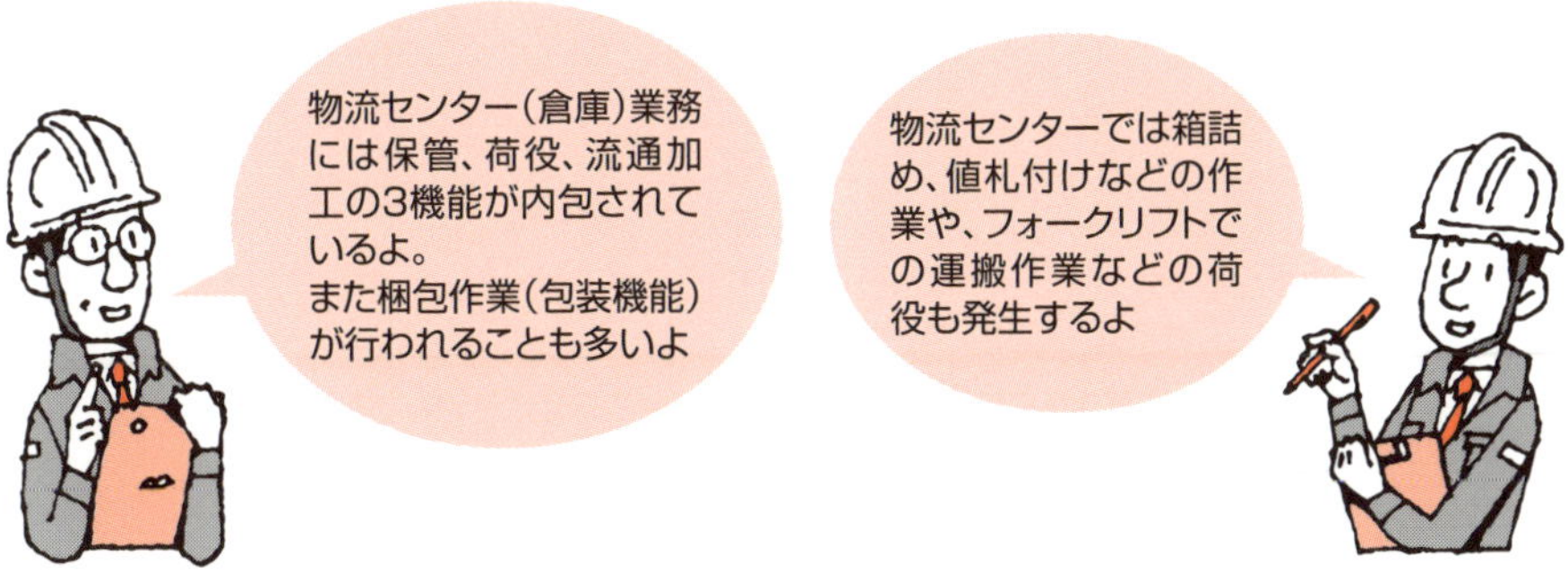
物流センター（倉庫）業務には保管、荷役、流通加工の3機能が内包されているよ。
また梱包作業（包装機能）が行われることも多いよ
物流センターでは箱詰め、値札付けなどの作業や、フォークリフトでの運搬作業などの荷役も発生するよ

4 荷姿を決める包装・梱包の現場

効率化の基盤となる物流容器の形状・寸法

物流効率は、貨物の荷造り、荷姿に大きく左右されます。効率化を考えるうえで、しっかり荷造りをすることと、荷姿を適正化、最適化することはきわめて重要です。物流で品物がそのまま運ばれることは少なく、一般的には段ボール箱やクレートなどのケース類に入れられて輸送され、保管されます。さらに段ボール箱はパレットに積載されたり、かご車に収められたりします。すなわち、「どのような段ボール箱を用いるか」「どのサイズのパレットに積載するか」という判断が物流効率に影響を及ぼします。

たとえば「トラックの荷台にどのような形状の荷物を積込むか」で積載率は変わってきます。トラック輸送では急ブレーキの際などに、震度7相当の負荷が荷台にかかるといわれています。集中荷重、偏荷重などで貨物が横滑りして荷崩れすることがないよう、前方から積付けて積荷のすき間をなくす必要もあります。さらにいえば、庫内保管においても荷姿次第で物流コストも変わります。「パレットに荷崩れなく積付けられるかどうか」が物流オペレーションの効率化の進捗具合を左右します。

いうまでもなく、「パレットに載せてしまえば、多少、荷が不安定でも問題はない」といった考え方はたいへん危険です。実際、物流現場改善の妨げとなるのは、効率の悪い荷姿なのです。パレットサイズについて、慎重に選択する必要があります。

パレットに搭載されたアイテムは物流特性を考慮したうえで、固定ラックや自動倉庫に格納します。パレットを活用する際、不適切な荷造り、積付けにより発生する「荷ずれ」「荷崩れ」に注意します。貨物が汚損・破損する原因となることに加え、物流オペレーションが滞ることにもつながります。したがって、荷ずれ・荷崩れが繰り返し発生するようであれば、原因を解明して改善に着手します。荷姿に気を配ることでムダのない物流現場となるのです。

要点BOX
- ●荷姿は物流効率を大きく左右する
- ●荷ずれ・荷崩れのリスクを回避
- ●包装の最適化で物流コストを削減

両面差しパレット、片面差しパレット

片面差し

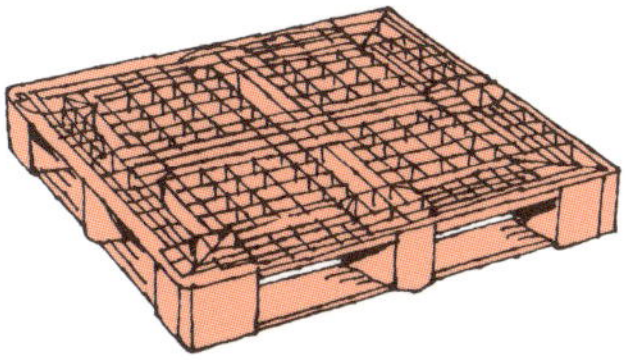

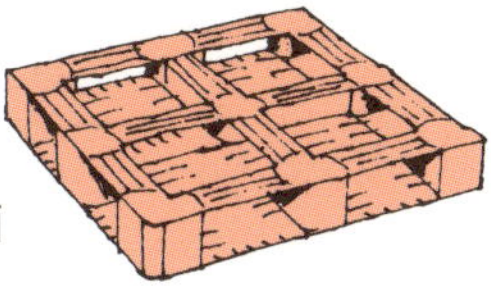

裏面

両面差し

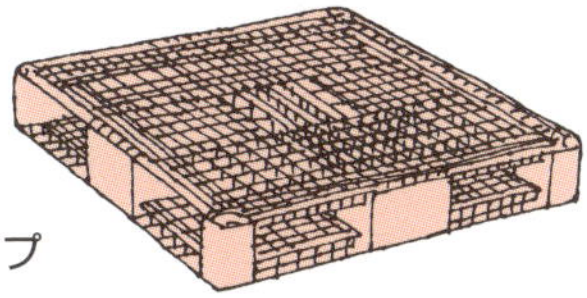

デッキ面が
メッシュタイプ

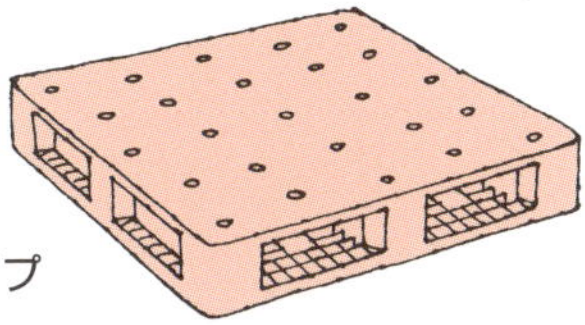

デッキ面が
ベタ目タイプ

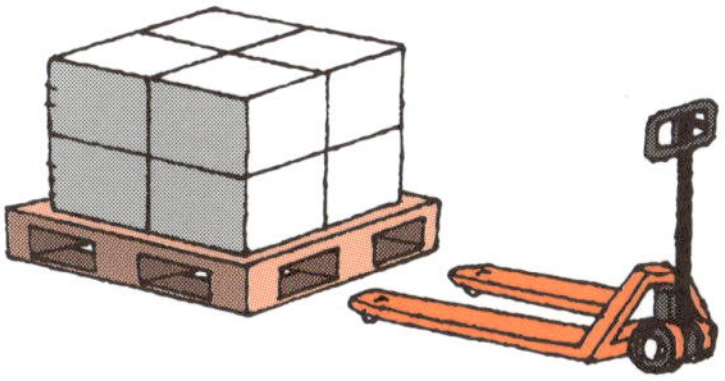

ハンドリフトは片面差ししか
使えない

フォークリフトは両面パレットでも
使用できる

イチイチ／イチニイの選択

包装・梱包

↓

荷姿の決定

不適切な荷造り、積付け
により発生する「荷ずれ」
「荷崩れ」を回避

段ボール箱、クレートなどのケースへの収納
パレット、かご車などへの積載を考慮

↑

パレットのサイズは荷姿に大きく影響

国内で主流

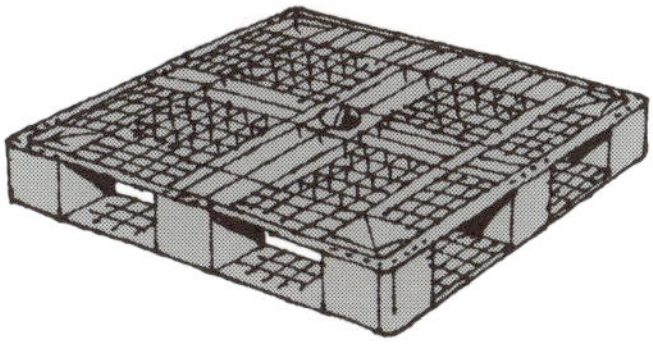

1100㎜×1100㎜（イチイチ）

海外で主流

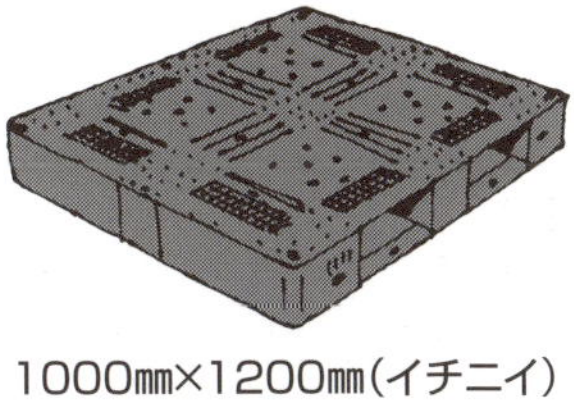

1000㎜×1200㎜（イチニイ）

5

物流現場の効率化の決め手となる情報管理

労働力不足をデジタル化で補完

物流現場では、労働力不足を念頭に、アナログ的な労働集約的な対策ではなくデジタルの力を借りることで3K（きつい・汚い・危険）の現場を払拭していくという考え方が広がってきています。いわゆる「物流DX（デジタルトランスフォーメーション）」の導入です。トラックドライバーや庫内作業者の労働環境をデジタル化により改善することで「魅力ある職場」を創出します。物流DXによって、現場の効率化、見える化を推進することも可能です。物流DXを推進することで、煩雑な事務処理をクラウド型のプラットフォームなどを活用したデジタルシステムに変えていきます。

ただし、ヤミクモなDXの導入は避けなければなりません。これまでのアナログ中心の職場環境に慣れ親しんでいたスタッフが多ければ、かえって効率悪化につながるリスクもあります。また、DX自体が進化の途上にあるので、アナログのほうが迅速、柔軟に対応できるという場面も少なくありません。したがって、DXの導入も慎重に進めていく必要があります。また導入の初期コストや維持コストも気になります。

そこでまずはスモールスタートを考え、クラウド型の管理システムなどの導入を図るのが、着実かつ即効性がある対応と考えられます。物流現場へDXを推進するにあたって中核となるのは、クラウドネイティブ（クラウド型ベース）の情報システムです。初期費用がかからず、維持コストについてもアップグレードなどは運営会社側が適時対応するので、サブスクリプションの月額を払うだけで導入が可能です。もちろん、DXの導入にあたって、職場環境や実務プロセスをある程度、明確化しておく必要もあります。

なお、DXの導入で注意したいのは、「トップランナーが勝者とは限らない」という原則です。日進月歩で進むIT環境に対応するには、焦らず先行導入事例を検証してからでも遅くはないのです。

要点BOX

- 3K職場のイメージをDXで変える
- クラウド型のDX端末の導入を推進
- 情報武装の徹底で見える化を実現

物流現場の課題解決の手段としてのDX

物流現場の課題

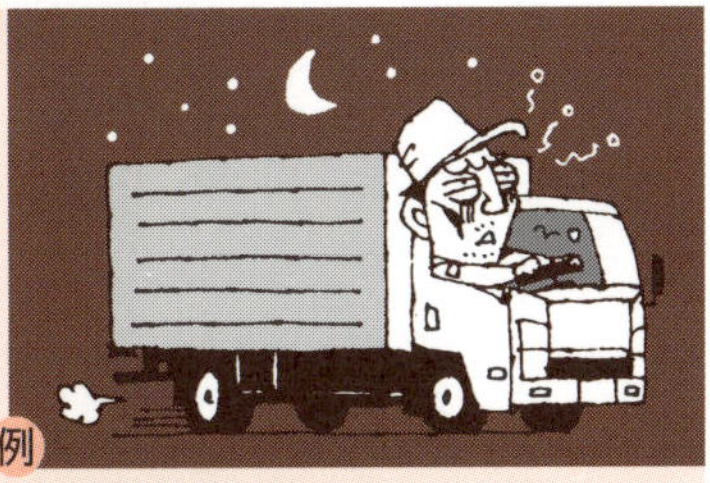

背景

- 少子高齢化などによる人手不足
- 若者の3K離れ

例

- 長時間の荷待ち
- ドライバーの長時間労働
- 大量の手荷役（手積み・手降し）にかかる負荷
- 高頻度となる夜間・早朝の積込み作業

省人化の推進

方針

- 長時間労働で作業負荷のかかる現場環境の改善

例

- マテハン機器の導入とIT管理
- サプライチェーンの情報共有
- 庫内作業の進捗状況の可視化

物流DXの導入

対策

- 現場環境のアナログ環境をデジタル化することによる省人化の徹底

例

- 効率的なオペレーションとリンクした情報システムの導入
- WMS（倉庫管理システム）
- トラックバース予約システム
- 車両管理システム・運行管理システム

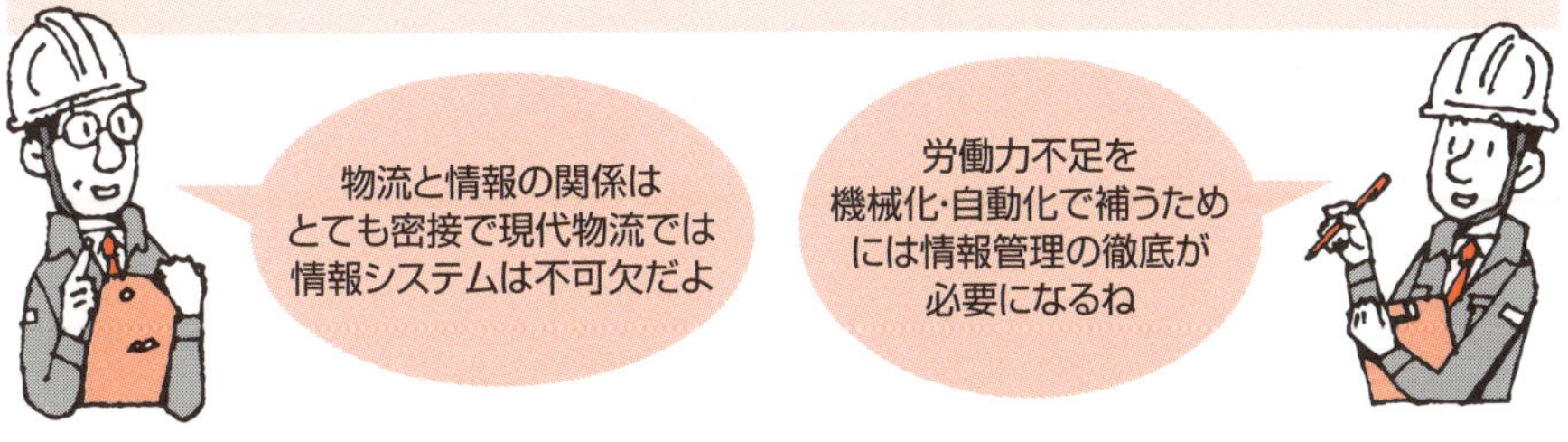
物流と情報の関係はとても密接で現代物流では情報システムは不可欠だよ
労働力不足を機械化・自動化で補うためには情報管理の徹底が必要になるね

6 物流現場の高度化を推進するマテハン機器

庫内作業の自動化・省人化を推進

物流センター内では手作業を脱し、マテハン（物流関連）機器を導入した機械荷役への転換が進められています。マテハン機器は物流センター内の荷役生産性、荷役効率を向上させるためにも活用されます。デジタルピッキングシステム（DPS）、デジタルアソートシステム（DAS）はその代表的なものです。手押し台車などに情報端末を搭載し、作業を行うピッキングカートなども適時、導入されています。

マテハン機器は一連のロジスティクス業務支援システムと緊密に連動しており、そのため必然的にスマート化の影響も受けることになります。たとえば物流センターのオペレーションにおけるピッキングの占める割合は高く、ピッキングは物流センター業務のなかで最も労働集約的な機能です。

ピッキング効率を上げることが物流センター全体の運営効率の向上実現につながります。そこで、ストック型のディストリビューションセンター（DC）向けなどにはオーダーピッキング（摘み取り式）対応のデジタルピッキングシステム（DPS）が進んでいます。そして今後、DPSのAI化も進んでいくことが十分考えられます。

現場の規模にもよりますが、いきなり庫内作業のほとんどをピッキング補助ロボット（AMR：自律走行搬送ロボット）に任せるのではなく、まずは少数台から導入して、人間の作業者を補完するかたちで活用し、必要に応じて導入台数を増やしていくというやり方がとられるケースが多いようです。

物流ロボット分野は今後の成長分野と考えられています。ピッキング補助ロボットの導入を進める現場も増えています。無人搬送機（AGV）の進歩にはめざましいものがあり、最近ではパレット荷役に対応できる、タブレット端末でも操作可能なハンドリフト牽引型の自動機も開発されています。

初期コストと運用コストのバランスなどを検討したうえで、効果的に導入していく必要があります。

要点BOX

- ●手荷役から機械荷役へ転換
- ●物流センターの運営効率の向上を実現
- ●人間の作業者を補完するかたちで漸次導入

マテハン（マテリアルハンドリング）機器

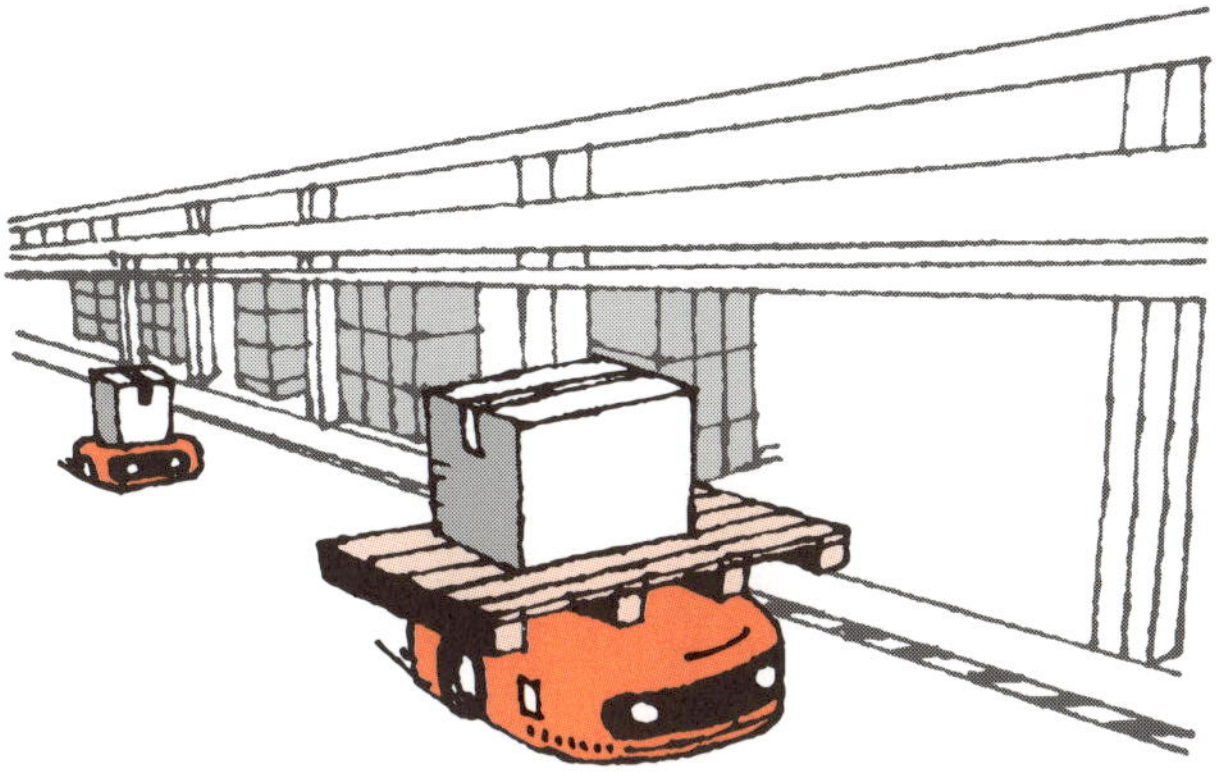

マテハン機器

工場や物流センターなどの物流業務の作業効率化を推進するために用いられる、自動倉庫、AGV（自動搬送機）、DPS（デジタルピッキングシステム）などの総称

物流現場へのマテハン機器の導入方針

プロジェクト管理のもと、適切なエリアに適切な機器を導入

自動化、省力化、コスト削減や一連の荷役作業を機械化することでコスト削減、効率化が可能

↓

マテハン導入のため、目的を明確にし、成功したときのイメージをつかむ

「導入すればそれですぐに改善が実現する」という短絡的な考え方ではなく、「どのような方針でどのような目標を設定するか」が大切

いきなりマテハンに頼るのではなく、まずは5Sや3定をしっかりやりたいね

導入後のイメージをしっかり持つことで、現場改善の目的もしっかり達成できるよ

7 物流現場における人材の活用

作業手順書やマニュアルの作成・導入を検討

働き方改革関連法の改正でトラックドライバーなどの残業時間の上限が設定されたこともあり、物流業界は人手不足の時代に突入しました。トラックドライバーに関わらず、物流センターの作業者なども含めて、物流業界全体で人手不足が深刻化しています。そのため、物流業界の人材不足は放置するわけにはいかない切実な問題となっています。さらに、物流現場での高齢化も進んでいます。高い技術を持つベテラン作業者、ベテランドライバーも一線から退きつつあります。

物流現場の人材不足に対応するために手をつけなければならないのが標準化です。物流現場における技術継承をベテラン作業者が初歩から手をとって教えていくことは難しい状況です。そこで作業手順書やマニュアルの作成、導入を図り、物流現場に初めて入った新人でも、ベテラン作業者と同じ力量を発揮できる環境を作り上げます。計画的なOJT（現任研修）の充実も期待されるようになりました。

トラックドライバーについても、これまでは運転以外の付帯作業で職人芸を期待される風潮が見られました。迅速な荷捌きや積込みは新人では難しく、ベテラン作業者が工夫と経験を重ねていくことでできるようになった部分も少なからずありました。しかし、たとえば、「積込みをバラ積みからパレット積みに変え、トラックドライバーの作業負担を軽減する」といった方針を打ち出し、標準化を徹底することで作業効率の向上を図っていく流れが大きくなり始めました。

また、これまでは現場力を鍛えたニンベン付きの「自働化」で切り抜けてきた工程も、ニンベンなしの「自動化」への切り替えが迫られています。アナログのよいところは残しつつもデジタル化への舵は切られたわけです。それにあわせて高度物流人材の育成、活用も必要になってきています。

物流現場を理解しながらも、ITやロジスティクス理論に詳しい若手を登用していくのです。

要点BOX

- ●人手不足の解消に教育が必要
- ●計画的なOJTで新人教育を充実
- ●画像、動画を用いた現場起点の技術継承

物流現場の人材確保

少子高齢化
若年層の物流業界に対する敬遠の風潮など

働き手の多様化
外国人、女性、高齢者などの積極採用

人材確保に必要な改革

物流作業の標準化
作業マニュアルの作成

物流DXの導入
自動化、無人化の仕組み作り

3K環境の改善
ホワイト物流の推進

業界の魅力的なイメージ作り
キャリアデザイン、ビジョンの明確化。やる気とやりがいのある職場環境作り

ITに強い人材も求められているよね

やりがいのある職場環境で若年層にアピールしていく必要があるね

8 最新物流施設の活用にあわせた現場改善

ワンフロアで効率的なオペレーションを推進

EC（ネット通販）市場の拡大によるフルフィルメント業務の拡大などを受けて物流センターの大規模化が進んだことで、物流現場のオペレーションも影響を受けました。たとえば、従来型の物流倉庫の場合、多層階を原則としてオペレーションが行われることが少なくありませんでした。その場合、上層階にはエレベータでしか行けない構造となっていることが多いため、1階に荷捌き場、入出荷バースを置き、上層階の保管エリアでピッキングや検品を実施するといったレイアウトが多く採用されてきました。

結果として、2階以上のフロアでは「繁忙期にはエレベータの順番待ちが発生する」といった事態が発生します。しかも、作業スペースや入出荷バースが狭くなり、ヒューマンエラーが発生しやすくなります。

そこで、いくつかの工場倉庫、物流倉庫を集約し、新設の大型物流施設に在庫を移管する企業が増えてきました。複数倉庫の在庫を1拠点に集約することで、在庫削減も実現できます。さらに新設の物流センターの稼働に際して、マテハン機器、情報システムなどもアップデートします。最新施設に最新設備や最先端の情報システムを導入することで、作業環境全体を大幅に刷新できます。

ただし、こうした物流革新を行っても、それにあわせた作業プロセス、物流オペレーションが確立されていなければ、効率的な現場には生まれ変われないでしょう。上層階から階下に荷物を降ろす、従来のエレベータによる縦持ち荷役を見直す必要があります。たとえば、自走式の大規模物流施設ならば、複数テナントに対応できるように多層階の各階フロアにダイレクトに入荷、納品できるようになっています。このように、最新型の大型物流施設の活用することも踏まえた現場改善も求められています。

現場環境を理解しながらも、最先端の物流技術にも精通している必要があるのです。

要点BOX

- ●物流センターの大規模化が進む
- ●従来型の多層階によるエレベータ荷役を解消
- ●最新設備と最先端の情報システムを導入

先進的大型物流施設による物流現場改善

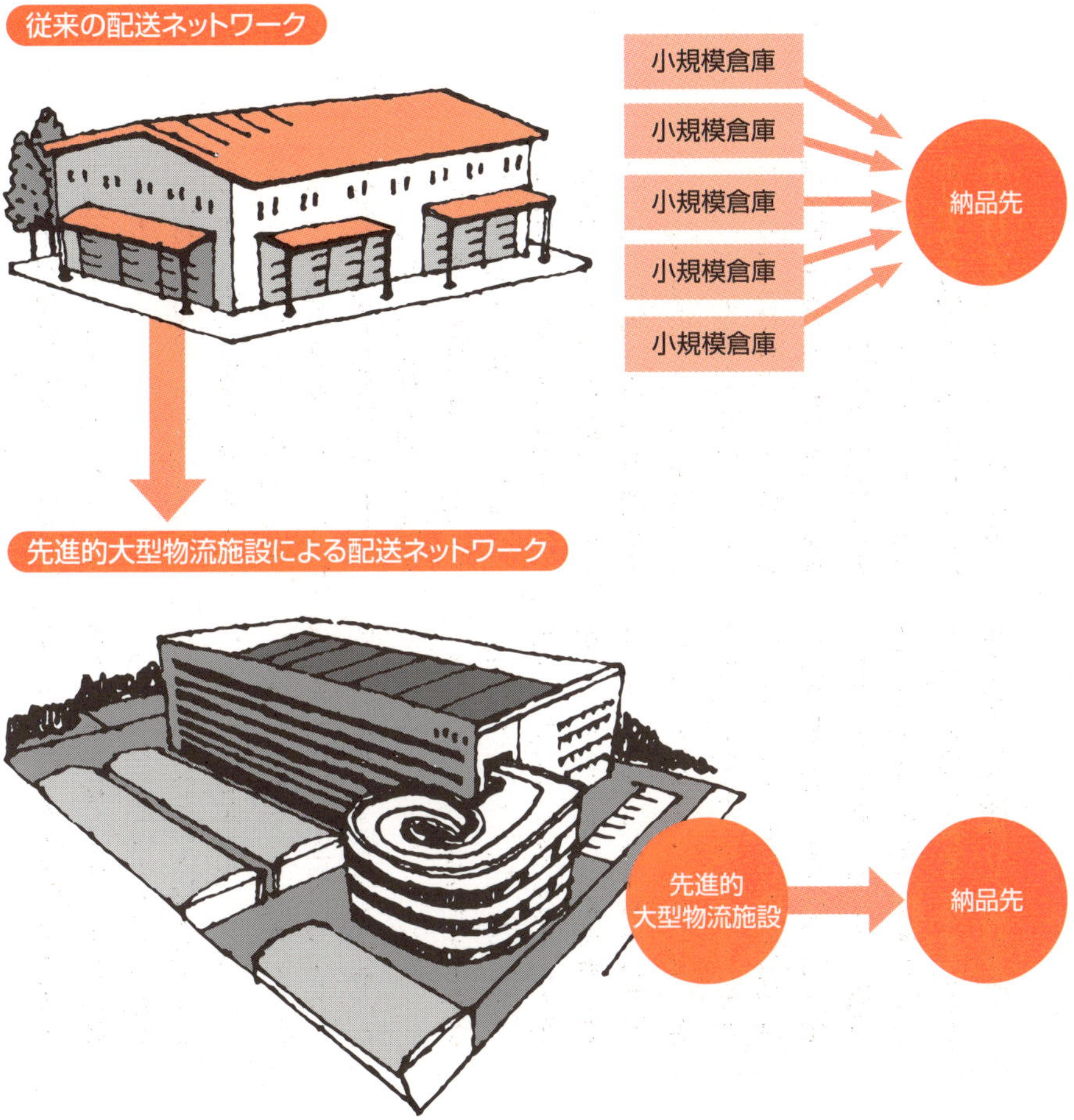

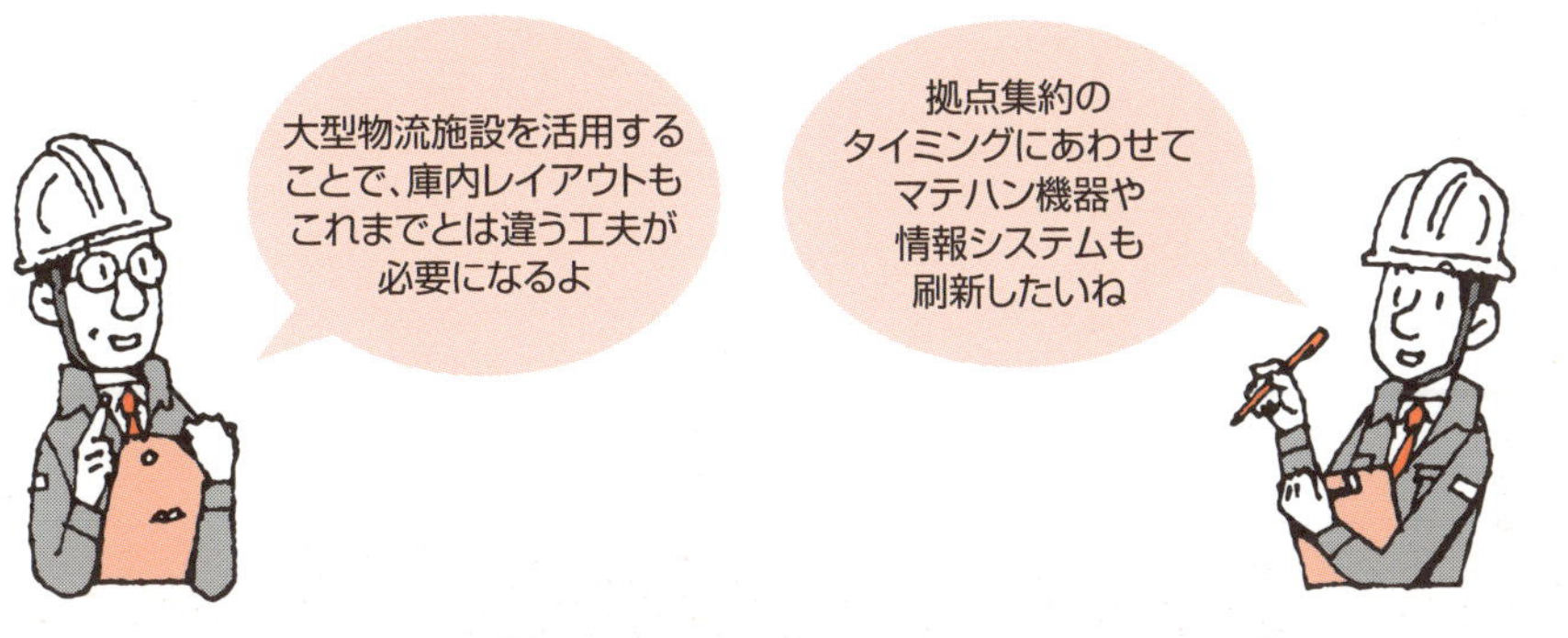

Column

工場における物流工程の標準化と平準化

工場の物流工程は、入荷関連業務と出荷関連業務に分けて考えられます。

工場における入荷業務は、サプライヤー（供給業者）などからの部品、資材、食材などの調達に際して、納品トラックにより、貨物が到着し、荷卸しを経て行われる、入荷検品、および入庫、保管までの一連の作業です。入荷検品に時間がかかれば、それに続く一連の作業に大きな遅れが生じることになります。したがって、標準的な作業手順を設定し可能な限り、作業時間などを平準化することで対応しなければなりません。

工場における出荷業務は、出荷依頼を受けて、生産ラインから直接、あるいは在庫・保管エリアからピッキング作業を経て、出荷エリアで方面別、納品先別などに仕分けされ、トラックに荷積みされ、出荷バースから出荷される一連の作業を指します。出荷作業が遅れれば納品遅れなどにつながり、取引先からの信用を失うことにもなりかねません。また、ピッキング作業や仕分け作業が不正確であれば、誤出荷につながり、納品先に多大な迷惑をかけることになります。

作業量のバラつきを抑えて平均化することを「平準化」といいます。作業の標準化を進めることで平準化を実現することも可能になります。とくに各作業者の業務量の平準化を図るためには、各作業の分量と、均一化するために必要な一人あたりの作業頻度と作業量で処理すれば、均一化されるかを知る必要です。標準化された作業手順で標準的な作業頻度と作業量をこなすことが平準化への足掛かりとなります。

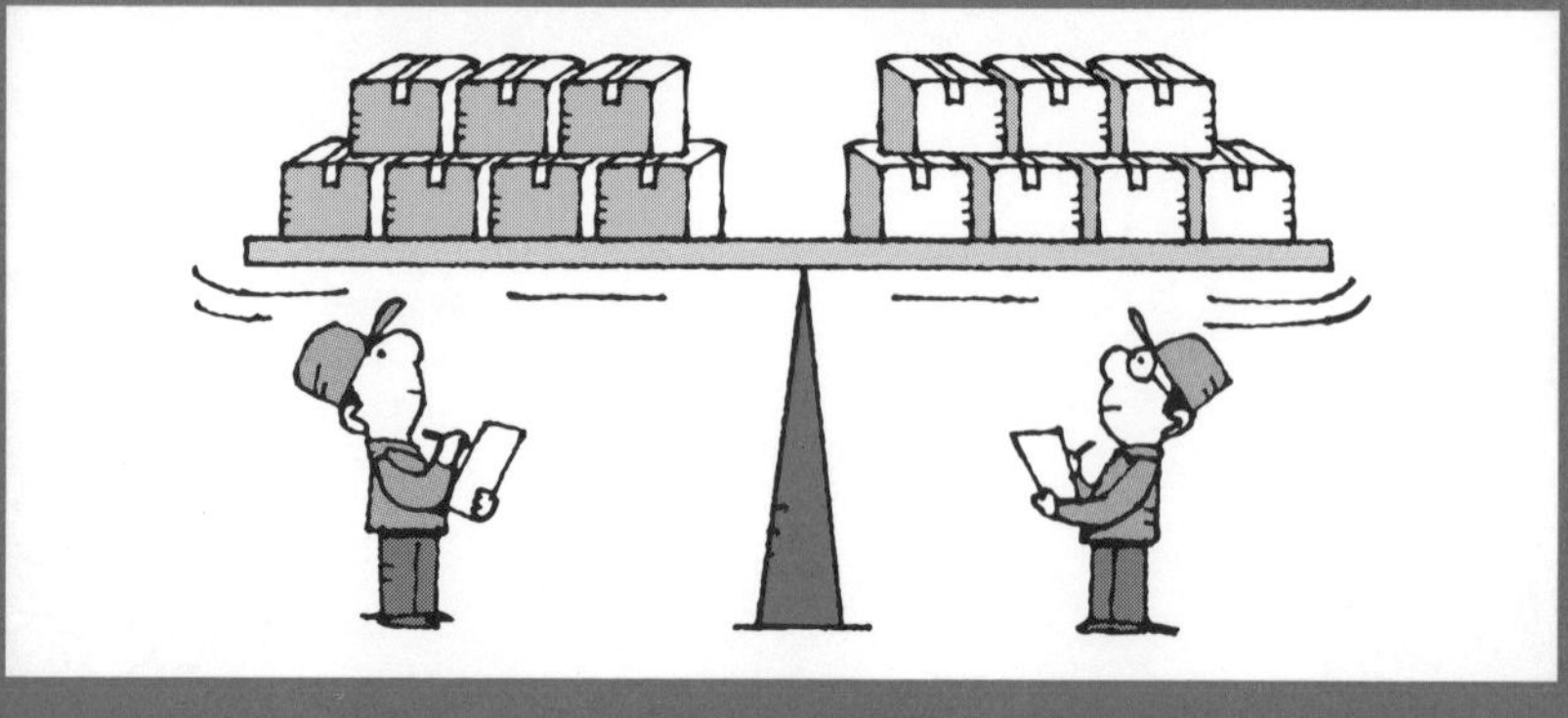

第2章

物流現場改善って何をするの?

9 物流現場改善で何が変わる?

身の回りのできることから着手

「物流現場での一連の作業プロセスや在庫の配置などは、最初に定めればそのままでもよいのではないか」と考える人もいるでしょう。しかし、物流現場は生き物です。取扱う貨物の特性に、現場が最初から適合しているとは限りません。現場で作業を行うなかで「想定していなかった課題が見つかった」「いまのやり方ではうまくいかない」といった悩みが出てくるはずです。そこで着手しなければならないのが物流現場改善です。現場の状況を分析、確認しながら継続的に問題点を抽出し、解決策を練ります。

現場の課題を抽出するにあたり大切なのは、「まずは身の回りのことから考える」ことです。いきなり大きな課題に取り組もうとしても大がかりになり、手に負えない可能性があります。そのため、最初はちょっとした工夫から考えるようにします。物流現場についても幅広くとらえることにして、倉庫内だけではなく、食堂や更衣室など、取り組みやすい場所のレイアウトの変更などから始めるのも一案です。

物流現場改善を効果的に実現するために「5なぜ」という手法が用いられることもあります。「5なぜ」では「なぜこの商品は死に筋在庫なのか」「なぜその商品が在庫としてあるのか」など、現場改善での疑問を「なぜなのか」と徹底的に問い詰めていきます。「なぜ」という疑問を繰り返していくことで、解決策や問題の根源が見えてくるとされています。過剰在庫が発生する理由や削減できない理由も、問い詰めていくことで原因が分かり、対策が立てられます。物流現場に少しでも不自然な点や疑問があれば、それを徹底的に検証して解決していくのです。

物流現場改善は「一度改善したらそれで完了」というものではありません。「改善してみたものの、まだまだ課題は山積み」ということも少なくありません。つねに現場の課題を考え、「なぜ」を繰り返していく姿勢が求められます。

要点BOX

- ●物流現場の悩みを解決するのが現場改善
- ●改善提案を継続的に実施する習慣が大切
- ●「5なぜ?」を繰り返して課題を抽出

5なぜの現場改善（一例）

例 **通路に段ボール箱が置かれていることを発見・指摘**

なぜ **通路に段ボール箱が置かれているのか?**

→ 追加出荷の際にすぐに段ボール箱を持ち出せるから

なぜ **追加出荷があるのか?**

→ 欠品が多く、在庫補充に時間がかかるから

なぜ **欠品が多いのか?**

→ 棚卸がしっかりできておらず、在庫精度が甘いから

なぜ **在庫精度が甘いのか?**

→ 入荷検品にミスが多いから

なぜ **入荷検品が不正確なのか?**

→ 入荷検品を2人1組で声出しでやっていない!

⋮

入荷検品のやり方を見直そう!

「5なぜ」により、通路に段ボール箱が置いてあることから入荷検品の改善という課題が浮き彫りになる

＊本例は現場改善における5なぜの一例であり、すべての物流現場に当てはまるわけではありません

10 物流現場改善とコスト削減には関係がある?

しわ寄せや裏コストの発生を慎重に回避

物流現場改善を進めるにあたって、まずは自社、あるいは改善を担当する対象企業の物流コスト（売上比）を把握しておく必要があります。

一般に主要企業の売上高に対する物流コストは取り扱う製品や業界により、物流コストも変わりますが、5〜10%程度ではないかといわれています。物流に力を入れていない企業やネット通販などでは、物流コストが売上高の10%に達するケースもあるでしょう。しかし、物流コストを10%から5%に低減できれば、売上高1000億円の企業ならば、50億円のコスト削減が実現できます。同時に物流コストを明確につかむことで、物流現場の課題が浮き彫りになってきます。それをステップに物流改善を進めることが可能になります。

コスト削減を考える場合、物流コストを主要機能ごとに分けて、輸送、保管、荷役、流通加工、包装、物流情報のそれぞれのコストを可視化し、問題点を抽出します。コスト削減の視点から改善策を打ち出していくのです。ただし、コストはヤミクモに下げればよいというわけではありません。過度なコスト削減はどこかにしわ寄せが出てきてしまいます。一見、コスト削減が成功したように見えても、どこかで見えない裏コストが発生することもあります。コストを下げることが必ずしも最適化されたオペレーションにつながるわけではありません。過度な物流コスト削減として、たとえば大規模な人員整理や賃金カットなどを行えば、作業者の士気・意欲の低下や離職率の上昇などによる人手不足を誘発することにもなりかねません。急激に短期間でコストカットを行うことは、そうしたリスクを背負うことにもつながります。

現状の機能別のコストをしっかりと可視化したうえで、目標とする削減値を設定し、それに合わせた現場改善を行っていくことが求められます。コスト意識をつねに持ち続けることが大切です。

要点BOX

- ●売上比率から物流部門の目標値を設定
- ●主要機能のバランスのとれた効率化を実現
- ●コストカットのリスクも正しく認識する

図　現場改善の指標としての物流コスト

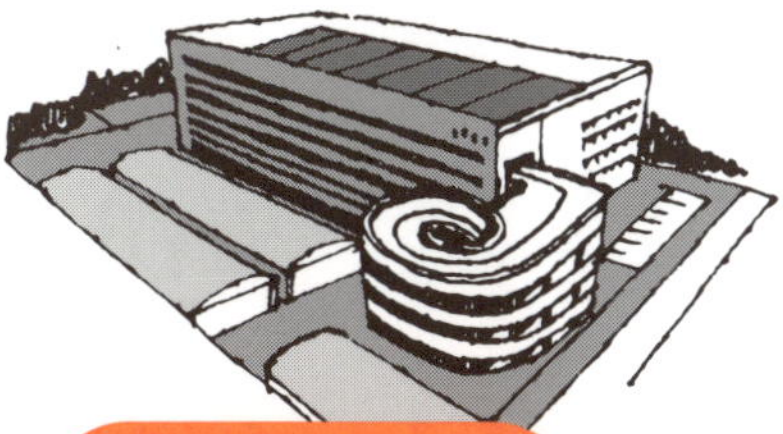

物流コスト

物流機能別コスト

輸送費、保管費、荷役費、流通加工費、
包装・梱包費

領域別コスト

動脈物流費
（調達物流費、販売物流費、社内物流費）、
静脈物流費

物流現場改善の
指標としても活用

- 物流コストの可視化

過度なコスト削減は
逆効果

- 物流品質の低下
- 裏コストの発生リスクなど

目標とする削減値を設定したうえで
現場改善を推進

誤出荷や配送遅れなど、物流品質
が大きく低下することもあるから、
過度なコスト削減には注意しよう

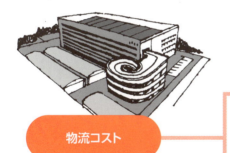

11 物流現場におけるカイゼンＫＰＩの設定

カイゼンの目標と効果を数値化

「物流をコストで管理する」のではなく、コスト以外の目安を設けることで改善を推進するという考え方があります。目安として、現場改善の数値目標となるＫＰＩ（重要業績評価指標）を設定します。物流ＫＰＩは、物流活動の機能、領域、主体、製品などで区分し、設定します。物流コストだけでなく、物流ＫＰＩも参考にしながら物流現場改善を進めていきます。

物流ＫＰＩを定めるにあたって、まずサプライヤーから工場まで、原材料や部品がトラックで工場に納入されるプロセスにおいて、用いられるトラック便数、調達運賃などが効率的かつ適切に運用・設定されているかどうかを綿密にチェックします。入荷検品から格納・保管に至るプロセスでも、時間やコストのムダがないかどうかを確認します。入荷された原材料や部品は荷卸しのあとに検品されます。検品が済むと所定の棚などのスペースに格納され、入庫登録を行い、保管数が計上されます。

物流センターでは出荷指示が出ると、物品は保管エリアからピッキングリストに基づいてピッキングされます。ピッキングが効率的にミスなく行われているかどうかを確認し、方面別の仕分けが行われます。あわせて納品書の発行や出荷検品が行われます。このプロセスにおいてもコスト算定を行い、ＫＰＩを設定します。梱包や出荷処理が複雑ならば、包装を簡素なものに変更したり、迅速にムダなく出荷処理を行ったりできるようにして、目標値達成を目指します。物品は仮置きを経てトラックに積込まれます。その際にも出荷先へのトラックの積載率などが適切かどうかを時間、コストの両面からチェックし、改善できる部分にメスを入れていく必要があります。

物流改善をコスト削減、ＫＰＩの設定と達成の視点から推進するには、物流における一連のモノの流れにおいて、それぞれのプロセスに潜むムダを戦略的に排除していく必要があります。

要点BOX

- ●KPIで現場改善の効果が明確になる
- ●輸送プロセスの最適化を実現
- ●物流センターの一連の作業工程の課題を抽出

物流KPIの設定

物流KPI

↓

現状値を計測し、改善の目標値を設定

例
積載率(%)=積載トン数÷積載可能トン数×100(%)
保管効率(%)=現状の保管物量÷限界保管量×100(%)

↓

目標値の達成をベースに現場改善を実践

例
(課題)トラックドライバー不足
(方針)積載率の改善
(具体策)車両数を削減し、トラックドライバー不足を解消

↓

裏コストの発生、物流品質の低下を回避しつつ、満足度の高い現場改善を実現

業界標準値や理想値などに着目しながら目標値を決めるといいね

KPIを念頭に置いた物流現場改善を行うと、改善前と改善後の違いがイメージしやすいね

12 物流現場改善を開始する前の現状分析

非効率な現場の課題を徹底的に抽出

現状分析の手順を整理すると、一例として次のようになります。

まず「作業動線がどのようになっているか」「作業動線を変えれば効率化が図れるのではないか」という視点から、現状を把握します。庫内レイアウトはワンウエイが基本です。入荷から出荷までの作業動線が一筆書きで表せるようになっていることが望ましいわけです。庫内全体の流れとしては、入荷、検品、保管、ピッキング、仕分け、積込み、出荷の各エリアが一方向に並んでいるか、作業動線が重複したり後戻りしたりしてないかをチェックします。

つぎにアイテム別の出荷量、出荷頻度をチェックします。出荷頻度の高いA品目の物品が出荷バースにもっとも近いところに置かれているように、頻繁に出荷する物品が出荷バースに近ければ、作業時間や歩行距離の大幅な短縮が可能になります。

さらに「横持ちがどれくらい発生しているのか」もチェックします。横持ちとは同一地域、拠点内で諸事情から行われる搬送、輸送作業のことです。目的が明確でないにもかかわらず、物品の移動が最短距離を経由せずに行われることを指します。横持ちは作業にムダが多く、必要以上に仮置き場や外部倉庫などを構えている場合に起こります。横持ちがないように、最短距離での物品の移動を推進することが物流改善につながります。

また、保管効率についても検討します。そのために着目したいのは仮置き場です。仮置き場が多いと作業効率が落ちるリスクが出てきます。仮置き場を少なくするためには、入荷、入庫、格納、保管、出庫、出荷という庫内作業をできるかぎり統合するとよいでしょう。

どうすれば改善の道筋が出来上がるのかを、PDCAを原則として、現状を分析しながら言語化、数値化し、検討していく必要があります。

要点BOX

- ●現場の課題を画像と動画で言語化、数値化
- ●物流現場の動線とレイアウトを再構築
- ●保管効率向上のため、仮置き場を減らす

改善プロセスのPDCAの実践

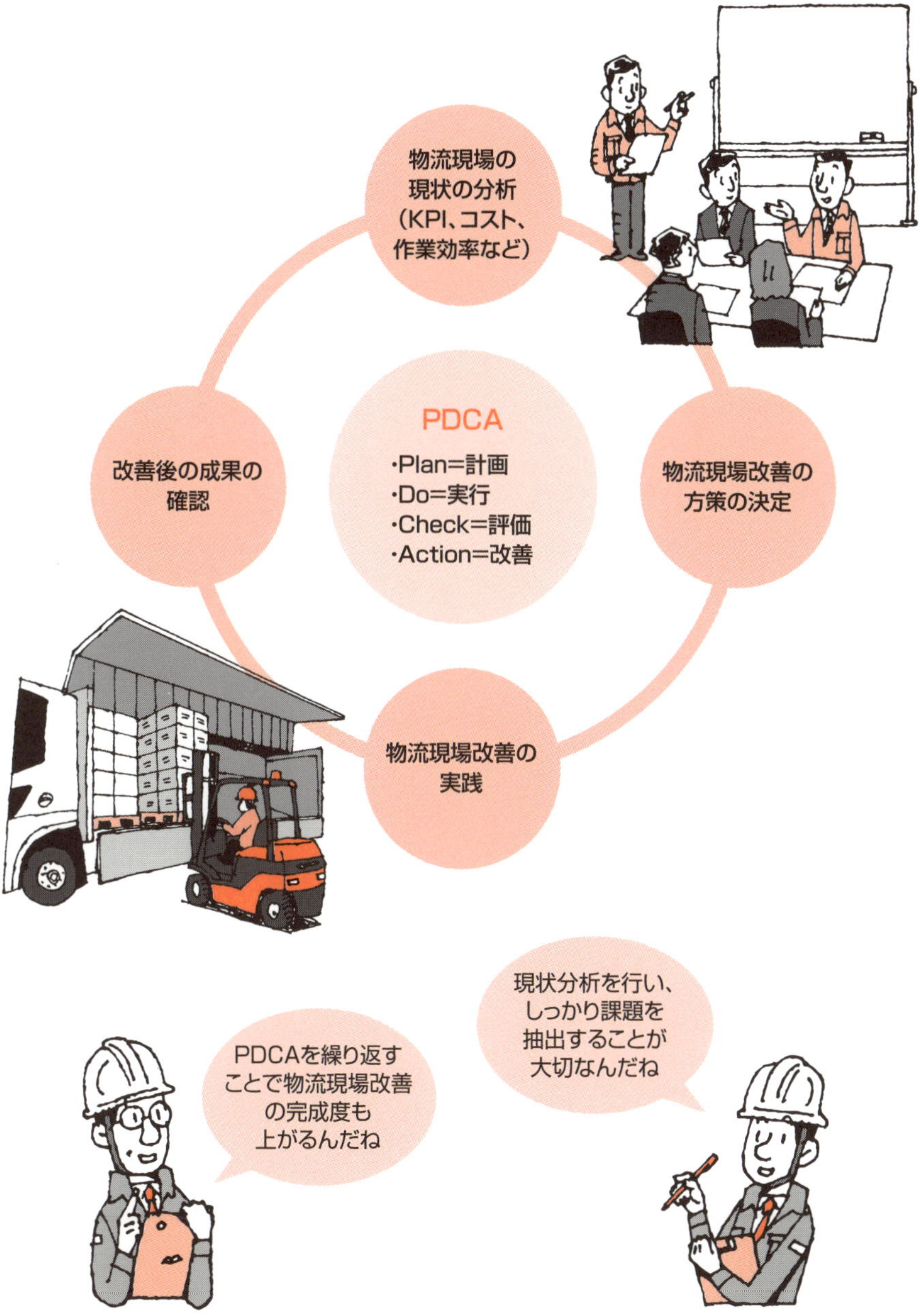
物流現場の
現状の分析
（KPI、コスト、
作業効率など）
物流現場改善の
方策の決定
物流現場改善の
実践
改善後の成果の
確認
PDCA
・Plan＝計画
・Do＝実行
・Check＝評価
・Action＝改善
現状分析を行い、
しっかり課題を
抽出することが
大切なんだね
PDCAを繰り返す
ことで物流現場改善
の完成度も
上がるんだね

13 物流現場改善の方針を確認

5S、3定、見える化を推進

物流現場改善を始めるにあたって、「何をどのように行うのか」という基本的な方針を立てる必要があります。一言で「現場改善」といっても、コスト削減、DXの導入、環境対策、職場環境など、改善のカテゴリーは多岐に渡ります。現場改善の定義をしっかり決めておくほうがよいでしょう。

ただし、改善の対象を狭く設定しすぎると、適切なタイミングで対応できないかもしれません。「これは今回の改善には関係ない」と提案を却下すると、現場のやる気を損なうおそれも出てきます。「ちょっとしたことでも、ある意味で改善といえる」という方針で、できる限り広く現場の声を拾っていくのが望ましいでしょう。

そのうえで徹底しておきたいのが、5S（整理・整頓・清掃・清潔・躾）です。さらに5Sのうち「整頓」の基本概念である3定（定位・定品・定量）を徹底させることで、物流現場で必要なモノがどこにどれくらいあるのかが明らかになり、見える化を実現できます。また、標準化や平準化にも着手します。標準化や平準化によって、誰にでもできる現場のルールを作ることが必要です。

物流現場改善に関しては、「改善に正解はなく、複数の選択肢があり、いずれの方法であっても改善は成功する」とよくいわれます。それぞれの現場により実施すべき改善内容は異なりますから当然といえるでしょう。しかし、何をしても改善は成功するのかといえば、そうではありません。「そのやり方では失敗するのは明らかだ」という「絶対にそれだけはしないほうがよい」という失敗に関わるセオリーも存在します。言い換えれば「正解はないかもしれないが、不正解は確実にある」ことになります。

言い換えれば、一見斬新な改善案に思えても、5Sや3定という基本を疎かにすれば、成功の確率は大きく下がるのだといえます。

要点BOX

- すぐ見てわかる作業環境を提供
- だれでもできる現場のルールを取り決め
- 基本を疎かにすると、改善の成功率は下がる

物流現場改善の方針の考え方

整理整頓が必要な現場

標準化が必要な現場

標準化 単純化、統一化、共通化されたわかりやすい現場のルール作り

⇅

平準化 作業効率、作業量、作業時間などの現場のバラつきを解消する

⇅

見える化 5S、3定を推進することにより見える化を達成する
見える化の手段として、5S、3定を位置付ける

⇅

5S 整理・整頓・清掃・清潔・躾

現場改善で
最初に着手する

⇅

3S — 定位・定品・定量

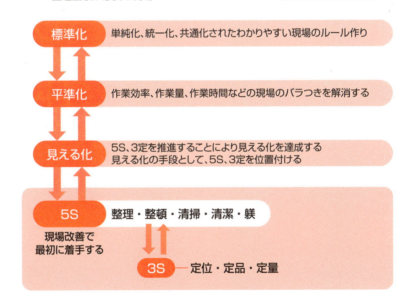

14 改善のための手順書の作成

作業プロセスのポイントをくまなく共有

物流現場改善を進める流れのなかで、作業手順書を作成することも重要です。

作業手順書は、「作業手順と気をつける必要があるポイント」を説明したものです。新しく作業者が入るたびにベテラン作業者などが手順を細かく説明したり、質問に答えたりする手間を省くことを目的として作られます。また、作業手順を標準化するためのツールとしての役割もあります。したがって、現場改善を行い「手順を効率的に改めたい」「これまで作業者によって異なっていた手順を統一したい」という場合に作成、導入されるものです。

作業手順書を作成する場合は、文章だけで説明するのではなく、図表や写真を多く用います。文章を読まなくても、図や写真だけで作業の一連の流れがわかるようにするのがよいでしょう。作業手順がわかりやすくなり、作業ミス、手順ミスを大きく減らすことも可能です。

逆に、理解、確認しなければならない項目が数ページを超えるような分量になると、作業手順書を見ることが現場の負担にもなりかねません。目で見てすぐわかるようにして、可能な限りボリュームを抑えるように心がけましょう。現場で作業プロセスをじっくり確認する余裕はないかもしれないからです。

なお、作業手順書は一度、作成したら終わりではありません。現場改善のプロセスのなかで見直したり、作り直したりすることで完成度を高めていくとよいでしょう。

近年は作業手順書を動画として共有するケースも増えています。図表、イラストなどを使って作るよりも、制作時間が短縮されます。ただし、動画の場合も長時間にわたる冗長な手順説明であれば視聴する側にとって大きな負担となるため、手際のよい説明で簡潔に要点をまとめるように工夫しましょう。

要点BOX

- 標準化のため単純化、統一化、見える化を推進
- 目で見てすぐにわかる工夫を実践
- 書類だけでなく動画を活用するのも一手

作業手順書作成のポイント

入荷・入荷検品	迅速な入荷処理 ——→ 入荷手順の標準化 アイテム・数量の確認→入荷検品手順の標準化、検品項目の設定
ピッキング	迅速なピッキング処理 ——→ ピッキング順路および手順の標準化 誤ピッキング率の最小化(アイテム間違い、数量間違いに注意)
仕分け	迅速な仕分け処理 ——→ 仕分け待機場所および仕分け手順の標準化 誤仕分けの回避(方面別、出荷先別の仕分けの徹底)
包装・梱包	迅速な梱包処理 ——→ 梱包手順の標準化 荷姿・包装単位の統一(段ボール、クレート、パレットなど)
出荷・積込み	迅速な出荷処理 ——→ 出荷手順の標準化 正確な積込み(積載貨物の安定、積み付け位置の標準化など)

作業手順書の一例

作業手順書

工程	梱包	作業内容	ストレッチフィルムの巻き方

手順		写真
手順①	ストレッチフィルムの先端を、パレットなどに積み重ねられた荷物に挟みこむ	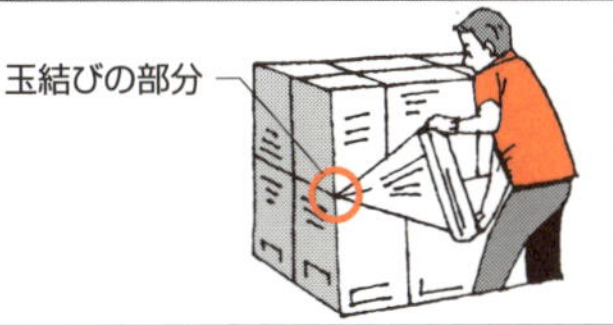
手順②	荷物全体を最初の1周目は軽く、目安として3周程度、適時、ひねりを加えながら下部から上部に巻く	
手順③	巻き終えたら荷全体の巻き具合を確認して、必要に応じて荷姿を整える	
ポイント	ストレッチフィルムは荷姿が不安定、あるいはばらばらである貨物をまとめ、荷崩れなどを防ぐ機能がある。正しい手順で活用する	

15 現場管理に不可欠なチェックリストを作成

作業のポイントを漏れなく、素早く、確認

物流現場改善として作業手順書を導入することで、かえって手間がかかる工程があります。検収のようにチェック項目が多い作業です。検収は納品された貨物の状態、仕様、アイテムなどを確認する作業であり、検収作業では作業者が外観不良などを見落とすミスが発生することがあります。

作業者が直感的に貨物の外観を見ているだけでは、なかなか見落としを防げません。「汚れは確認したがへこみはわからなかった」といったミスが発生します。それを防ぐために作業手順書を作成すればよいと考えるかもしれませんが、それでは解決しません。たとえば外観不良には、「汚れ、へこみ、つぶれ、穴あき、ガムテープなどのはがれ、水漏れ、浸み出し、異音の発生」などの種類があります。作業手順書に「まず汚れをチェックし、つぎにへこみがないかをチェックし……」と手順を示していくと、作業手順書の記述が冗長になってしまいます。

その場合に有力な代替策となるのがチェックリストの作成です。手順ではなく確認項目をまとめます。チェックリストを作成することで、確認漏れ、指示漏れなどを減らせます。「この作業をするのを忘れていた」といったミスが減少し、作業時間の短縮にもつながります。しかも、確認すべき事項を一目で見ることができるので、作業の全体像をすばやく把握できるようになる効果も期待できます。チェックリストはエクセルなどで簡単に作成できます。どのような項目をリストに入れるかを入念に検討していくとよいでしょう。

ただし、同じチェックリストを使い続けていると、作業者のチェックがマンネリ化するリスクもあります。定期的にリストの順番や書式を変えるなど、常に作業者が新鮮な気持ちでチェックリストを目にすることができるような工夫が必要です。チェックリストの長所と短所を理解して活用していきましょう。

要点BOX

- 全体像を把握して作業品質の向上を実現
- 目で見てすぐにわかる工夫を実践
- マンネリを防ぐための変更も必要

チェックリストの目的と効果

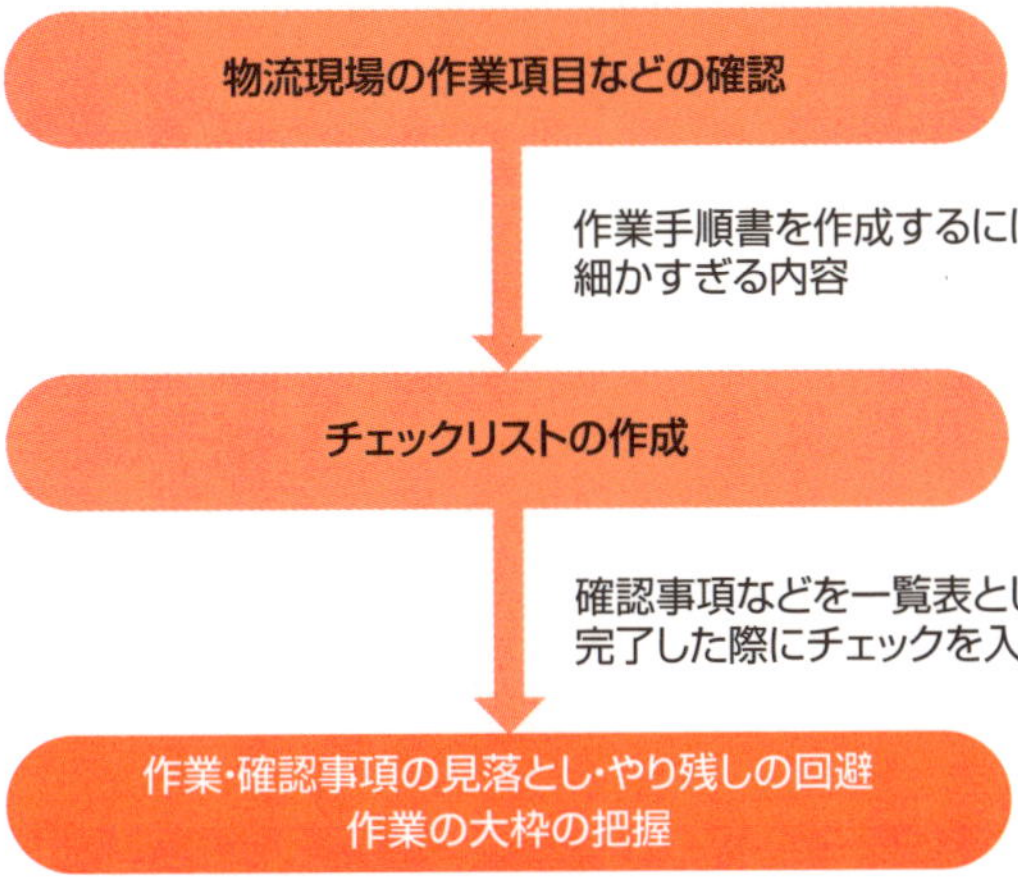

チェックリスト（例）

チェック	領域	項目
✓	在庫	修理件数の多い部品を認識している（多頻度修理品の把握）
✓		一定期間の間隔後、修理依頼・部品交換の発生する部品を把握している（間欠品の把握）
✓		左右で対となるパーツの片側のみ修理需要があるなどの特殊な部品特性を理解している
✓		交換部品の補充がスムーズにできる
✓	梱包	形状が特殊な部品などの荷造りがマニュアル化されている
□		破損しやすい部品の梱包についての注意点がまとめられている
□	発送・配送	緊急出荷などに対応できる
□		大量の出荷・発送に対応できる
□		誤出荷が発生しない出荷体制の構築
□		修理部品の発送や修理済み製品の返送における納品書などの伝票発行がスムーズにできる
□	決済	修理代金の決済方法などの準備

16 物流現場の課題の言語化と数値化

環境、働き方改革、コンプライアンスの視点からの改善

物流現場の課題はコスト削減や効率化だけではありません。作業が非効率になる可能性があっても推進しなければならない改善もあります。たとえばSDGs（持続可能な開発目標）などが該当します。コスト削減を重視するという方針であっても、環境対策にコストをかけないわけにはいきません。

現場改善を進めるにあたって、現場にどのような課題があるのかを列挙して、それぞれの課題の解決の方向性を言語化する必要があります。物流現場の課題の特性に応じて「改善とは何か」という定義を決めておくのです。漠然とした印象だけではなく、「人手不足を解消するために研修体制を充実させて離職率を低下させる」といった具合に、改善の道筋を明らかにしていきます。そして言語化を行ったうえで数値化を行います。

働き方改革の視点から作業者数を増やしたり、残業時間を削減したりすれば、結果として納期リードタイムが延びる可能性もあります。そのため残業時間と納期リードタイムのトレードオフ（二律背反）が発生します。コンプライアンスの観点からは「納期リードタイムが延びても、改善の目的は達成できる」ということになります。

また環境対策ならば、CO_2排出量の削減やリサイクル率などが重要なKPIとなってくるでしょう。その場合、「CO_2排出量を削減するために電気自動車（EV）を導入したら初期費用がかかり、コストパフォーマンスが悪くなった」というケースも出てくるかもしれません。従業員満足（ES）の視点から「離職率の抑制などを重視し、改善を進める」という方針を立てることもあるでしょう。

したがって可能な限り現状を数値化し、改善の目標値も設定できるようにします。バランスのよい現場改善を推進するために、複数のKPIの目標値をレーダーチャートなどで視覚化するのも一策でしょう。

要点BOX

- ●作業の非効率化につながる「改悪」に注意
- ●環境とコストのトレードオフを解消
- ●ESを重視して離職率を抑制

解決の方向性の言語化と目標達成のための数値化

物流現場の現状分析

情報共有ができるように
わかりやすい言葉で整理して、
解決の方向性を組み立てる

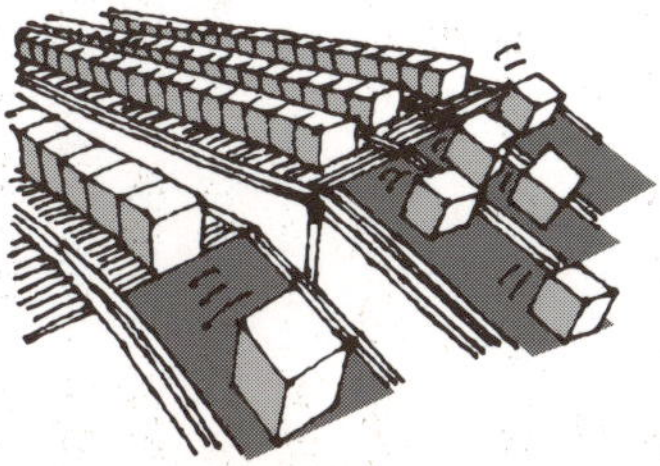

課題の解決の方向性を言語化

現場にどのような課題があるのか
を列挙する

それぞれの課題を数値化

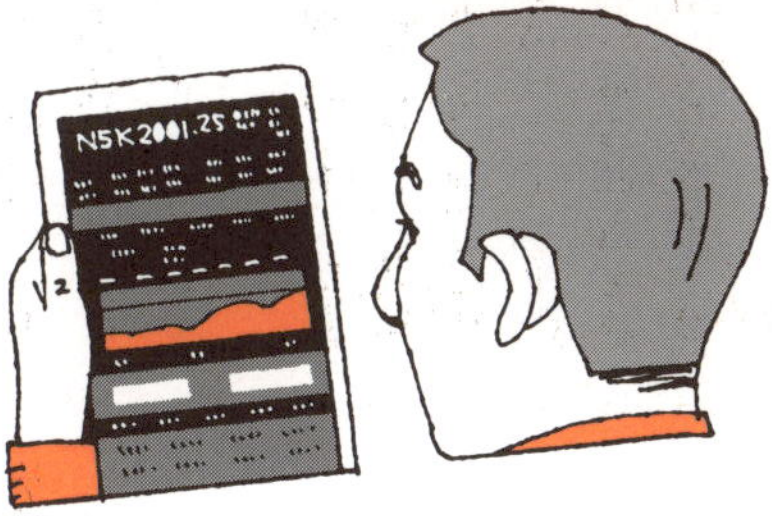

改善の必要のある現場の
現状値を把握し、
改善に向けての目標値を
設定する

改善によって達成を
目指す目標値、
あらゆる課題を完全に
クリアした場合に
実現できる理想値なども
念頭において、
数値化を行いたいね

Column

物流部門の年間計画

物流部門の年間計画は、物流コスト、要員計画、投資計画、業務委託計画、物流改善計画などを総合的に考えたうえで策定します。

まずは社内の各部署、事業部などの物量を予測、算定していきます。生産量、在庫量、出荷量、入荷量、輸配送量などの年度レベルでのデータをきちんと整理し、それにあわせた物流オペレーションの方針、方向性をまとめます。

物流コストについては年度レベルで輸送費、倉庫・保管費、物流加工費、荷役費、包装費、一般管理費、技術開発費などについて予算を立てます。変動費、固定費などに分けて考える必要もあります。

要員計画についてはスタッフ部門でどれくらいの人員が必要か、新たにマンパワーを補強する必要があるかを検討するほかに、それぞれの物流センターで社員、パート・アルバイトなどの要員が必要になるかを予測し、必要な人数を算出します。

物流拠点の新設やマテハン機器の導入計画などについては、前年度からプロジェクトが持ち越しになっているケースもあります。その場合は、前年度の進捗状況をふまえて新年度のプランを作成します。

物流改善については、コスト面、効率面などで改善が必要と思われる課題を抽出し、具体的に改善計画を作成していきます。たとえば、首都圏にある物流センターの運営にかかる諸コストが高すぎると判断すれば、輸送、保管、物流加工、荷役、包装、一般管理費などについて同センターの効率性と課題を分析し、年次レベルで解決可能な具体的な手段を考えていきます。

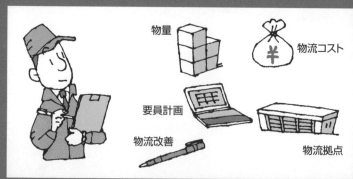

第3章

輸送現場の改善ってどうするの?

17 トラック輸送のポイントと現場改善

輸送モードの最適化を検討

　トラック輸送の現場改善では、輸送モードの最適化、拠点集約などをふまえた配送ネットワークの適正化、トラック台数の適正化などがメインテーマとして挙げられます。

　輸送モードの最適化については、長距離輸送、長時間労働がトラックドライバーに大きな負担となることに配慮して、中継輸送の導入を積極的に進めていきます。中継輸送では、長距離にわたる輸送区間をいくつかの中短距離の区間にわけて、複数のトラックドライバーがリレー形式で対応します。導入にあたって中継拠点での荷渡しや積替えなどのしくみを見える化、標準化する必要があります。トラック運送会社と打ち合わせ、国交省による「標準的な運賃」のもとに輸送計画の策定を緻密に行う必要もあります。

　また、1社単独の輸配送から複数の荷主企業による共同輸送、共同配送への切り替えを検討することもあります。場合によっては共同集荷と共同配送を組み合わせたミルクラン配送の導入を検討することもあります。

　在庫圧縮や物流効率の向上の視点から行われる拠点集約に基づいて、輸配送経路の最適化を推進することで効率化を図ります。ただし、最短距離ならばよいというわけではありません。交通事故などが起こりにくい安全なルートであるか、トラックの車格や積載量がルートに適しているか、車両数が適正かどうかも検討します。

　トラックドライバーと工場、物流センターの接点として、荷待ち、荷捌き、荷積み、荷卸しなどの作業改善についても検討します。たとえばバラ積みの貨物をパレット積みに変更すれば、荷ずれ、荷崩れの防止策やフォークリフトの活用、荷捌きなどの標準化を図る必要が出てきます。積込みに時間がかかれば、出荷時間や納品時間にずれが出ますから、輸送スケジュールと荷捌き作業には緊密な関係があります。

要点BOX

- ●中継輸送の導入を推進
- ●輸配送ルートの最適化
- ●積込み工程の効率化を実現

標準的な運賃についての理解

トラック運賃
独占禁止法などを根拠に認可運賃は廃止
⇒タリフ公示の廃止（1999（平成11）年）

↓

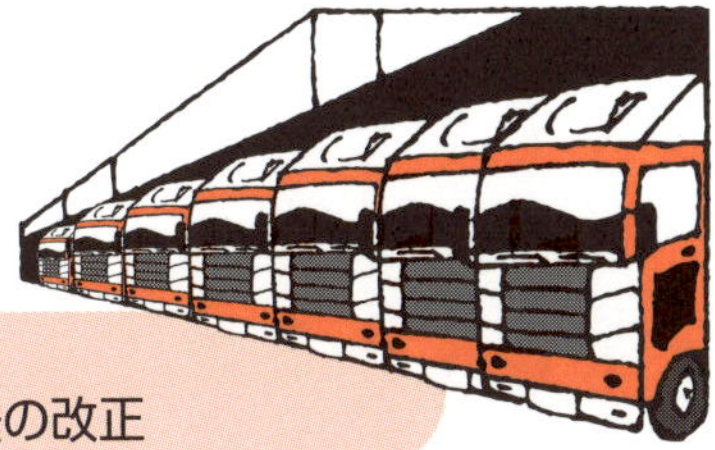

「標準的な運賃」
2018（平成30）年の
貨物自動車運送事業法の改正

1. トラックドライバーの労働条件を改善
2. トラックドライバー不足の解消を推進
3. 安定した輸送力の確保

⇒ 法令を遵守して持続的に事業を行ううえで参考となる運賃を示す

荷主企業が性急な
成果を求めて、トラック運賃の
過度な値下げなどを
物流事業者に強いることが
ないようにするんだ

18 港湾・海上輸送のポイントと現場改善

モーダルシフト輸送の活用でトラック運送の負担を軽減

海上輸送の利点は、コンテナ輸送によって長距離の運搬が可能であることが挙げられます。

海上輸送はトラック輸送に比べ、大量輸送が可能という特徴があります。排出される二酸化炭素や窒素化合物などの大気汚染物質の量も、トラック輸送に比べると少なくなります。ただし、天候に運航が左右されることが多く、台風やシケなどの悪天候で欠航となるリスクもあります。したがって国内輸送を考える場合、輸送の確実性という点ではトラックや鉄道輸送に劣ります。

物流における海上輸送では、国内向け（内航海運）と海外向け（外航海運）の2つの用途が考えられます。内航海運については、近年はモーダルシフト輸送を推進する流れのなかでトラック輸送にラストワンマイルを委ねつつ、中心的な役割を担うようになってきています。たとえば関東から九州へ長距離輸送を実施する場合、工場や物流センターから港湾までトラック輸送を行い、関東・九州間は海上輸送を行います。九州の港湾から目的地までは再び陸路をトラックで走って納品するというモデルです。

外航海運は、国際物流の中核となります。国際物流では、日本起点の物流だけではなく、国際情勢の変化なども注視しつつ、物流現場改善を進めていく必要があります。たとえば、中近東で戦争、紛争が発生すれば、スエズ運河やホルムズ海峡が閉鎖される事態が発生します。その場合、たとえば喜望峰ルートなどの迂回路をとる必要性も出てきます。アジア諸国の港湾の規模を比較した場合、日本は世界の最先端を走っているわけではなく、他国のインフラを活用しなければならない状況にあることを念頭におく必要があります。

港湾荷役についても、コンテナなどの特性を理解したうえで全体最適を意識した現場改善の提案をする必要があります。

要点BOX

- ●内航海運と外航海運の違いを把握
- ●国内はトラック輸送と併用し長距離輸送に使用
- ●国際情勢の変化を現場改善に反映

海上輸送の貨物

海上輸送

- バラ積み貨物（ドライバルク）
  鉄鋼、鋼材、セメント、金属くず、非金属鉱物、鉄鉱石、化学肥料、木材チップ、麦、とうもろこしなど
- コンテナ貨物
  FCL（フル･コンテナ･ロード）貨物
  ：コンテナー本を単位とする大口貨物

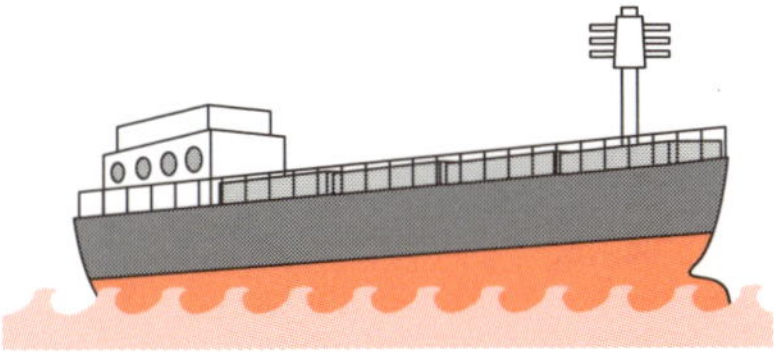

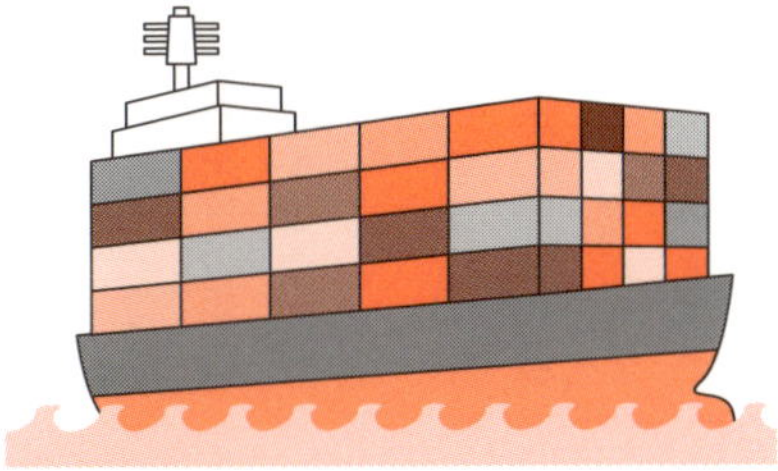

コンテナ輸送の流れ

コンテナ船 → コンテナ港 → コンテナターミナル

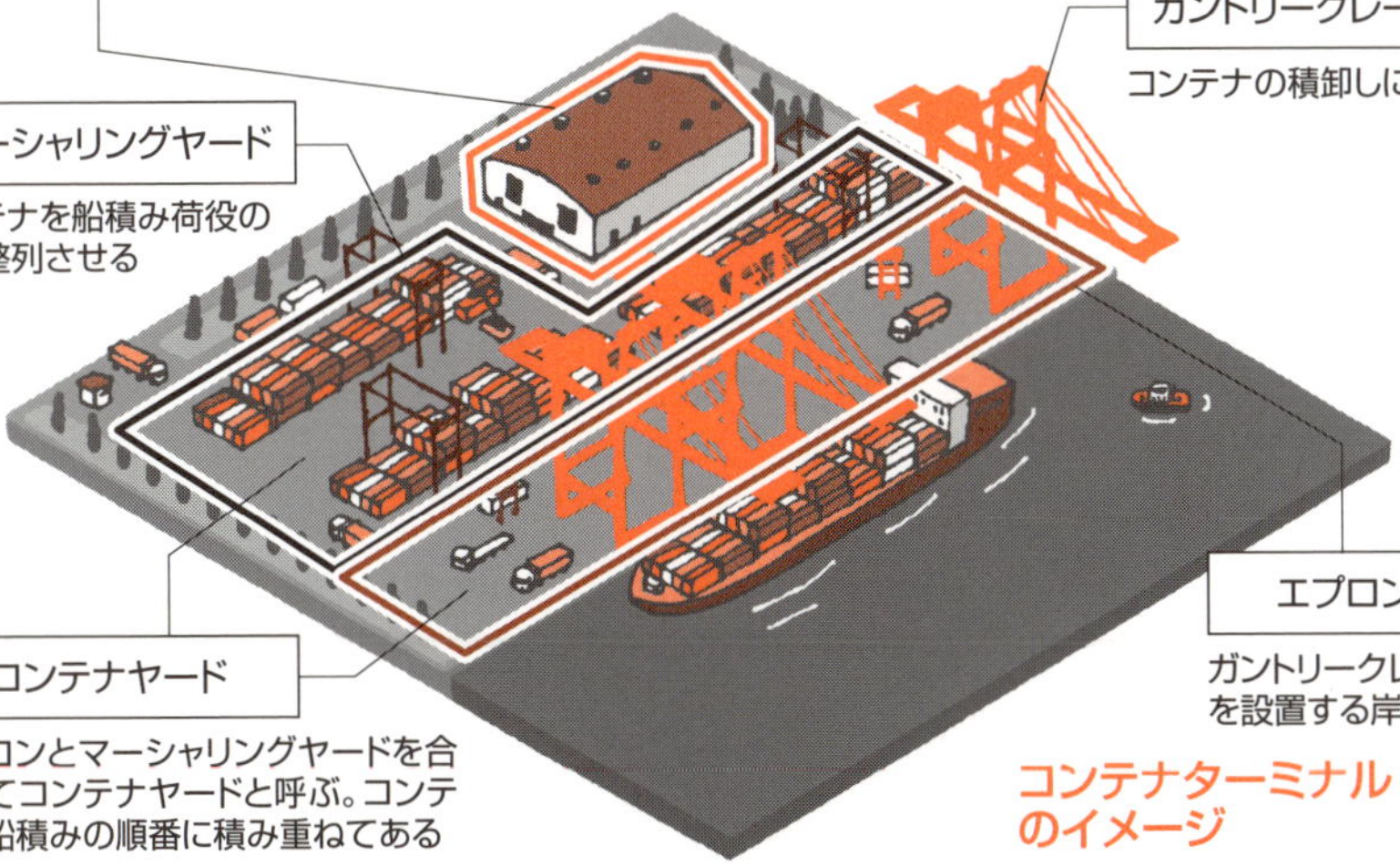

貨物量が少ない場合、船会社が他社の荷物と混載する詰め合わせ作業などを行うスペース。出入ゲートで書類の受け渡し、重量測定などが行われる

エプロンとマーシャリングヤードを合わせてコンテナヤードと呼ぶ。コンテナが船積みの順番に積み重ねてある

コンテナターミナルのイメージ

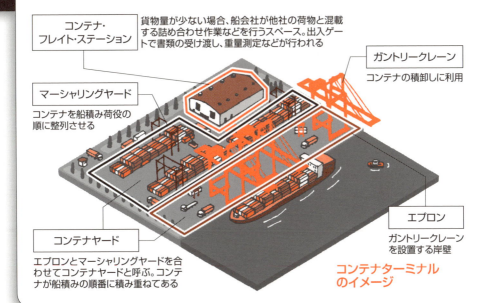

19 航空輸送のポイントと現場改善

緊急出荷に柔軟に対応

　航空輸送は重量ベースで見ると、トラック輸送、海上輸送に比べて相当に小さく、国際航空貨物量では全体の1%に過ぎません。ところが金額ベースで見ると、30%ほどのシェアを占めています。輸送単価が高くなるので、高価で緊急性が高いアイテムの輸送に主として活用されているということが分かります。

　航空輸送は、医薬品、半導体や精密部品などの輸送に活用されています。高価で緊急性が高いアイテムを運ぶという物流特性にあわせたロジスティクス（戦略物流）システムを構築する必要性があります。荷扱いや包装・梱包、積付けなどについても工夫する必要があります。

　たとえば、コロナ禍におけるワクチンの輸送は国際航空によって行われました。ワクチン輸送の場合、温度管理を徹底する必要性からドライアイスを搭載する必要があります。どれくらいのドライアイスを積込むかを、輸送時間や輸送量などをふまえて決めなければなりません。

　ワクチンの場合は航空貨物の上屋に搬入する段階でも、迅速かつタイムリーな作業が求められます。実際の現場の工夫では航空機を貨物上屋のすぐ前に駐機させ、移動距離を20～25%程度削減し、運搬時間の短縮を実現させています。もっとも航空輸送だけではラストワンマイルまでの配送は行えないので、トラック輸送と組み合わせることになります。なお、航空コンテナとしては航空機の積荷緊縛装置に固定できるタイプのもの（イグルー）や、パレットとネットを組み合わせたタイプ、主部貨物室用、下部貨物室用などがあります。

　また、飛行機による輸送とは異なりますが、空輸という範ちゅうにおいて共通するドローン配送も近年、注目を集めています。離島・遠隔地などへの緊急配送や過疎地などのトラックドライバー不足対策など、物流現場の発想で幅広い選択肢が考えられます。

要点BOX

- ●高価かつ軽量なものを運ぶ航空輸送
- ●包装・梱包、荷扱いにも現場の工夫
- ●拡大するドローン配送の可能性

航空輸送で運ばれる貨物

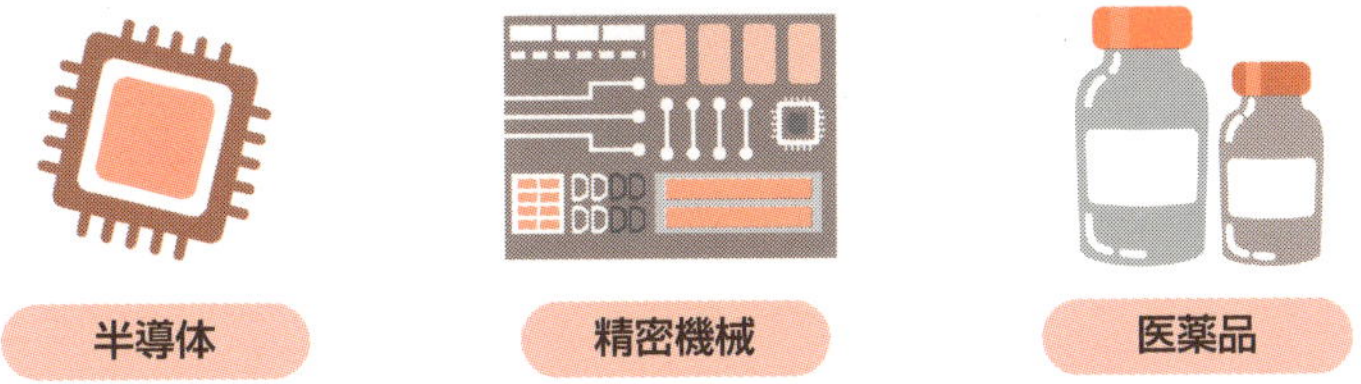

付加価値が高く、短リードタイムが要求される貨物

国際物流に占める比重は
重量ベースで1%未満

貿易額ベースでは貿易額全体
に占める割合は約30%

航空輸送に求められること

- 緊急出荷などへの対応（生産計画の遅延などに対応）
- 振動、衝撃、温度管理などへの対応
- マーケットシェアの拡大
- 航空機の積荷緊縛装置に固定できるイグルーなどの独自の荷姿、荷扱い

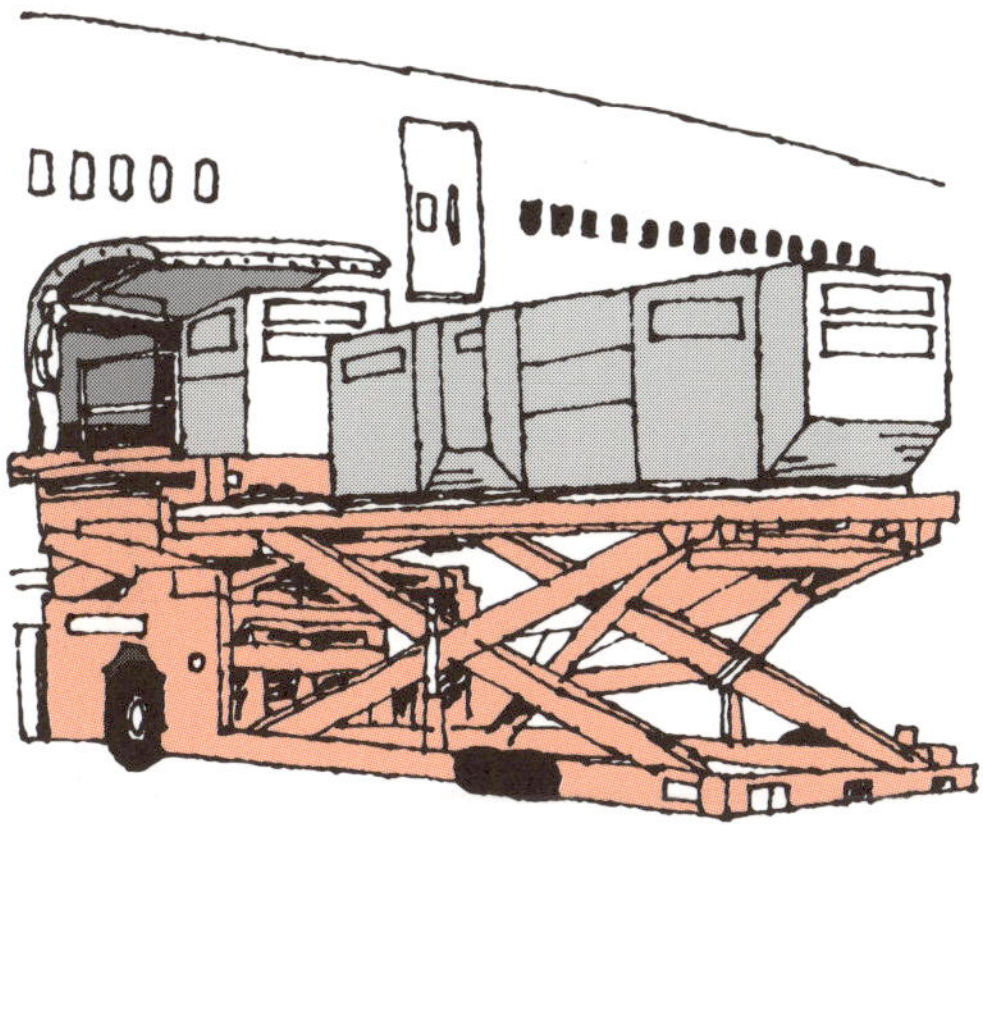

20 モーダルシフト輸送、中継輸送の導入による現場改善

複合一貫輸送としての鉄道の効果的な活用

トラックドライバーの働き方改革に伴い、輸配送拠点の見直しの動きが加速しています。短時間運転の輸配送ネットワークの再構築を進め、複数都市圏へのアクセスを強化する必要が出てきています。そうした流れのなかで注目されるのが中継輸送の推進です。

中継輸送ではドライバーを交替させるか、トレーラーを交換するかの選択、そして段取りをどのように決めていくかなど、現場の工夫で改善できる点がいくつもあります。たとえば、貨物の積替えを行う際に手荷役での積込み、積卸しでは時間がかかるので、貨物をパレット単位にまとめるといった改善を提案、実践していくのです。

鉄道を活用した輸送方式の工夫には貨客混載輸送もあります。旅客輸送を行う鉄道の客車などに貨物を積込みます。鉄道の貨物専用輸送車両では増え続けるモーダルシフト輸送などに対応できないケースもあります。しかし、旅客車両を貨物輸送に活用することで既存の鉄道インフラの有効活用を図れます。貨客混載はその発想を具現化した輸送モデルで、貨物専用線路や通運施設の増設などを行う必要がないという大きなメリットもあります。

需給バランスに配慮して貨物と旅客の車両構成、積載量、混載比率を決定します。物流現場の判断で必要に応じて旅客車両を貨物仕様に変更し、積載する貨物のスペースを確保する必要があります。運行スケジュールが決定したら、該当する貨物についての荷捌き、積込み作業などの荷役を実施します。貨物は旅客の妨げにならないかたちで積込まれるように工夫しなければなりません。積込みの際に、貨物が破損することがないよう気を配ります。

貨客混載での輸送は、CO^2(二酸化炭素)排出量の削減の視点からも注目されています。環境負荷が低い鉄道輸送を活用することで、地球温暖化対策につながる可能性もあります。

要点BOX

- ●深刻化するトラックドライバー不足に対応
- ●鉄道で旅客と貨物を同時に運ぶ
- ●CO_2排出量削減にも大きく貢献

中継輸送のイメージ（ドライバー交代方式）

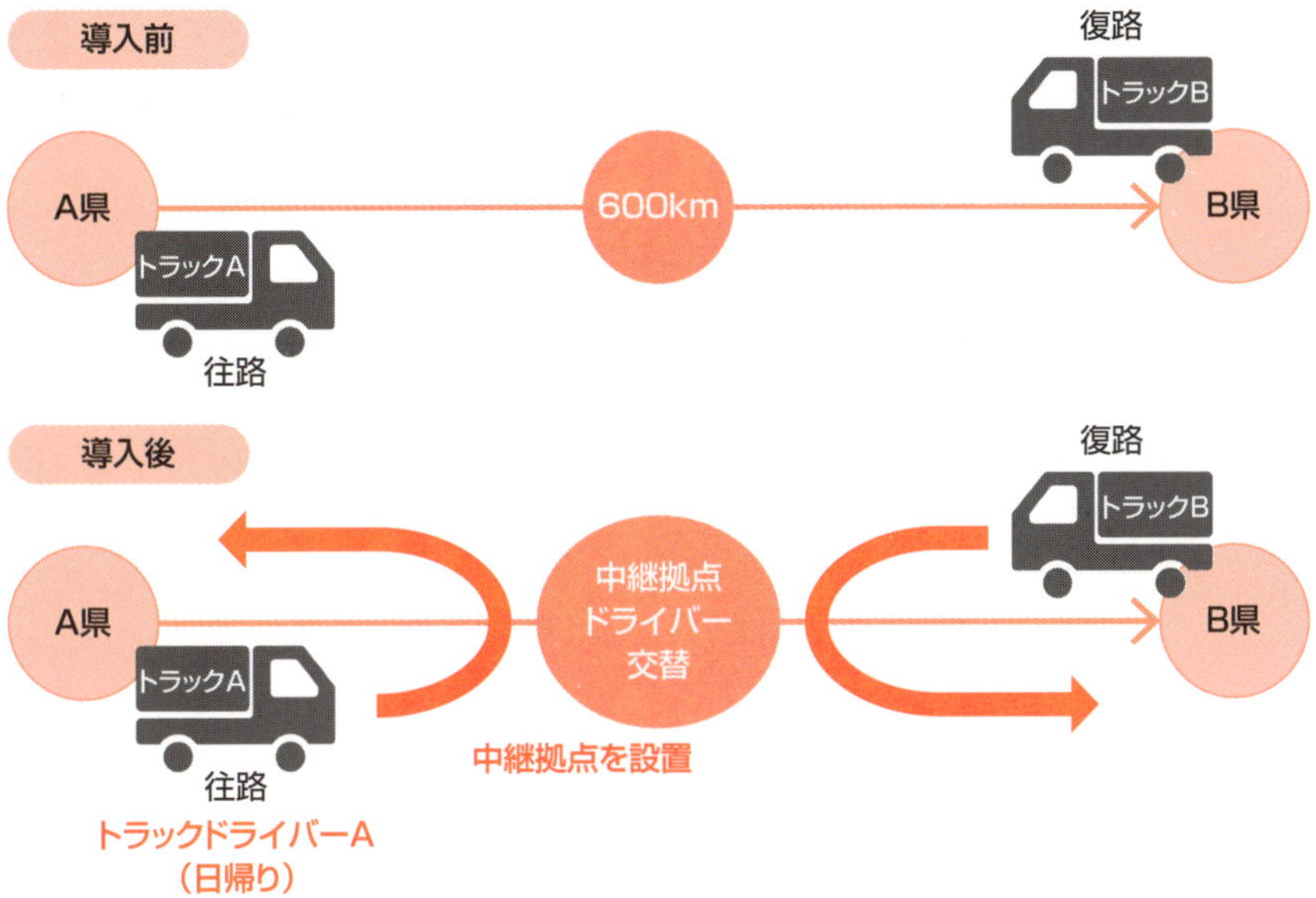

効果　運行計画の順守
人材確保　日帰り可能な勤務に
若年層が魅力を感じる

異なる運送会社による
ドライバー交替については
協定書などが必要になる

中継輸送導入効果

中継輸送
一連の輸送プロセスを1人のトラックドライバーで担当するのではなく、複数のトラックドライバーによるリレー方式による輸送

↓

導入効果
トラックドライバーの残業時間の最小化
積載率・実車率などの向上
荷役生産性の向上

↓

- 150〜200km以内での輸配送ネットワークを重視
- 中継輸送の推進によりトラックドライバーの長時間労働、長距離勤務体制を改善することが可能になる

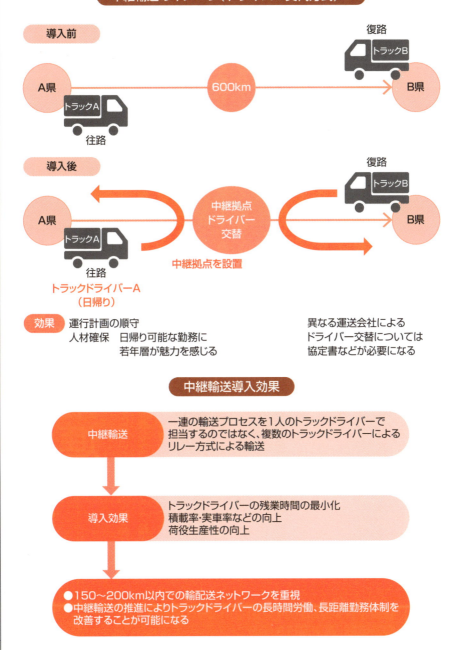

21 積込み、積卸し、荷捌きの効率化を推進

トラック輸送における現場改善の大きな可能性

トラック輸送は荷受地から着荷地に荷物を運べば終わりではありません。工場などから出荷する際には、トラックの荷台へ貨物を積込む作業が発生します。バラ積みで積込む段ボール箱などが多ければ、荷台の広さに比例してかなりの時間がかかることになります。また、たんに積込むだけでなく、荷台の上で、荷ずれや荷崩れを起こさないようにしっかりと固縛するなどの積付けを工夫する必要もあります。

パレット荷の場合もJIS（日本産業規格）に基づいて積付けを行う必要があります。パレット荷の場合は積込みにフォークリフトが使われることになるため、フォークリフトの効率的な活用方法も検討が必要です。いずれの場合も、最大積載可能量を超えて積込む過積載や過密運行とならないように注意しなければなりません。ヤミクモに積込むわけにはいかないのです。輸送経路についても最適化を行い、輸送中に事故などが発生しにくい最短経路、最短時間での納品を心がけます。荷物が無事に届いたあとは、納品に際しての積卸し、検収、荷渡しなどもトラック輸送に含まれます。このように、トラック輸送は「たんにモノを運べばよい」わけではありません。

なお、近年はトラックドライバーの荷捌きで、「荷役分離」の流れが加速しています。荷役分離とはトラックドライバーの輸送業務と工場、物流センター側の入出荷作業を完全に分けるという考え方です。メーカー、小売業などの荷主企業はトラックドライバーに荷捌きを任せきりにするのではなく、荷主側の負担として積込み、積卸しを行います。

また、トラックの実運送については、ドライバー、トラックをどの方面、集荷先、納品先に行かせるかなどを決める配車業務や、自社便ではなく他社便を活用する傭車業務を戦略的かつ効率的に行う必要もあります。共同配送などを必要に応じて導入していく柔軟性も重要なのです。

要点BOX

- 荷ずれや荷崩れが起こらないような積付け
- 過積載、過密運行を回避
- 荷役分離を徹底

荷役分離の導入と効果

トラックの荷待ちの効率化

↓ トラックドライバーの長時間労働の回避が必須

荷捌き時間などの短縮

↓ パレットの導入による作業効率化など

荷役分離の実践

↓ トラックドライバーの責務を輸送領域に限定
積込み･積卸し、荷捌きは物流センター側の作業者が行う

トラックドライバーの負担軽減

荷待ち時間の
短縮を目的に
「トラックGメン」制度
も開始されているよ

用語解説

トラックGメン：国土交通省が設けた悪質な荷主・トラック運送の元請事業者などの是正指導を行う制度

22 積付けの適正化で荷崩れを防止

物流特性で変わる方法

積付けとは、トラックの荷台などに複数の荷物の形状、寸法などを、バランスを考慮しながら配置して積込む作業を指します。正しく積付けしないと、荷崩れなどの要因となります。

荷台への積付けのコツは、重心を意識することです。とくに特殊な形状の機械や長尺物などは荷台の重心にきちんと設置されていなければ、前後左右に荷が偏り、荷崩れが誘発されます。機械製品や不整形の加工物などを複数積合わせる際には、荷台の中心に積荷の総合重心が近づくように積付けます。重量が一方向に偏らないよう、配分にも気を配ります。

積載可能量を超えた積過ぎの状態、すなわち過積載にならないよう注意する必要もあります。また、貨物と貨物の隙間には緩衝材などを設置し、走行中に貨物のズレが生じることのないように対策します。さらに貨物に応じて荷締め、施錠などを徹底する必要もあります。

積荷は積込み・積卸し作業などに支障が出ないように注意したうえで、前後左右に空きスペースが可能な限り生じないように積付けます。荷崩れ防止ベルト、滑り止めシート、保護緩衝材などの荷扱い器具を適時用いるのもよいでしょう。「天地無用」などのＪＩＳ規格で定められた荷扱いマークが貼られている場合は、その指示に従って取扱います。梱包貨物の荷姿が同一の場合は交互に重ねるなど、積付けパターンを変えて対応します。パレットの積付けについてもＪＩＳ規格で定められている内容に従います。

荷崩れ対策として、汚損・破損の発生頻度を常にチェックします。また、積込みにどれくらいの時間がかかるのかを把握しておく必要があります。そして、積込みや荷待ちに時間がかかりすぎたことで、出荷時間が遅れるなどの事態が発生しないように注意します。積付けにかかる時間も含めて出荷態勢も整えておくのです。

要点BOX

- ●積付けの改善で貨物輸送を効率化
- ●重心の偏りや過積載がないように注意
- ●荷締め、施錠などの徹底で荷ずれを回避

積付け・積込みのポイント

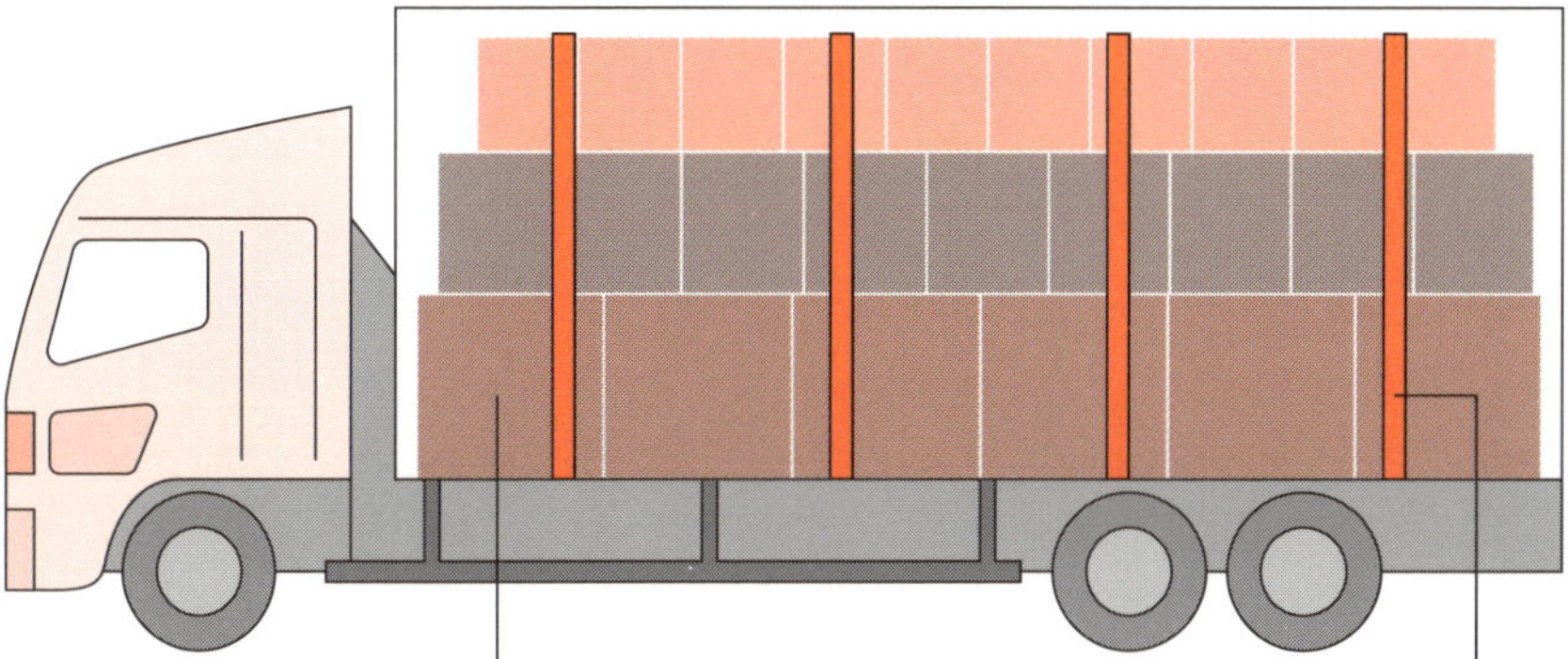

荷台に隙間をなるべく作らないように積み込む
上部に比較的軽い貨物、下部に比較的重い貨物
同じ荷姿の場合は交互積みなどを実践

荷崩れ防止ベルト、滑り止めシート、保護緩衝材などを適宜活用する

鋭角・突出物のある貨物は、他の貨物を損傷しないように当て物（緩衝材）を用いて保護するように努める

積み荷全体のバランスを考え、重心位置をトラック荷台の中心部として、前方や後方に貨物が偏らないように積み込む

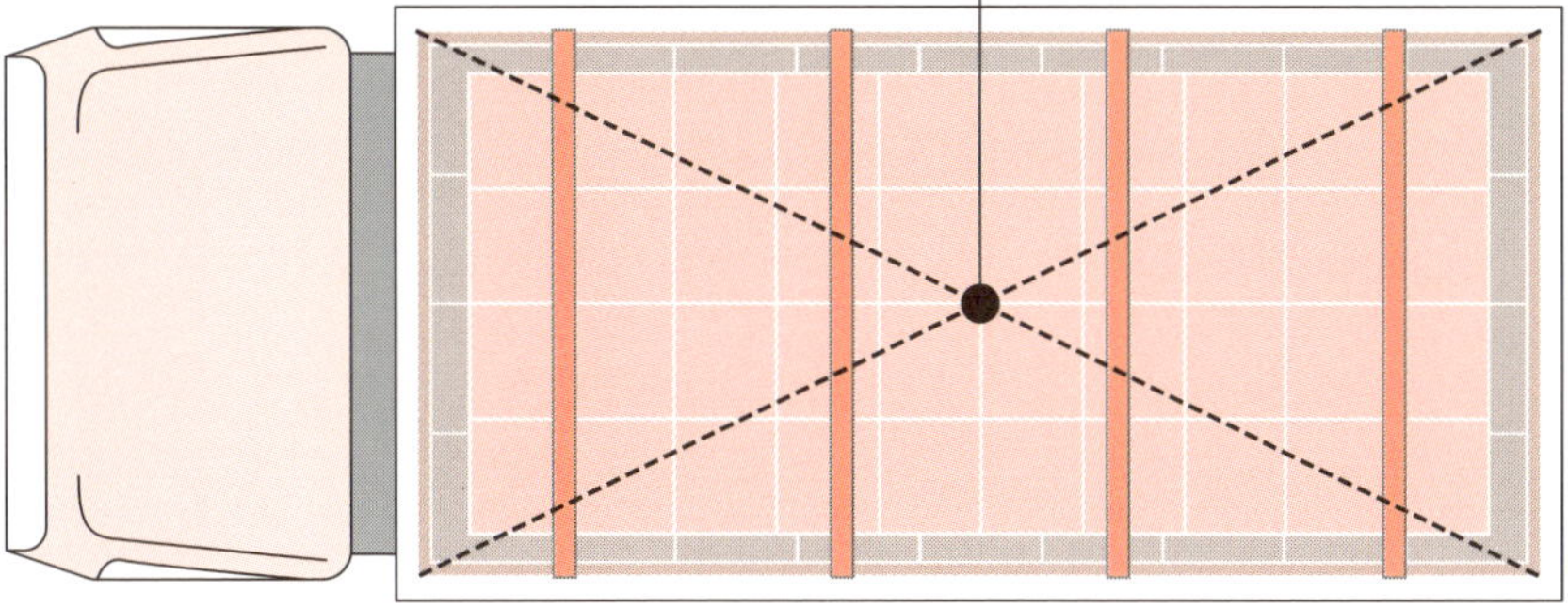

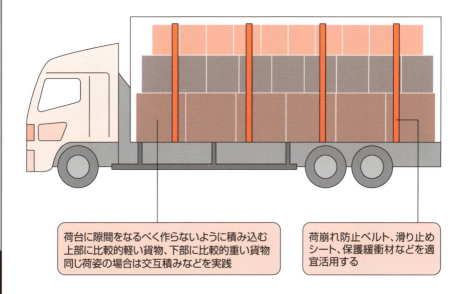

23 輸送中の荷ずれ・荷崩れと現場改善

適切な荷姿で破損・汚損を防止

物流現場改善において、荷姿の適正化、最適化は大きな意味を持ちます。トラック輸送では、急ブレーキをかけた際に、震度7相当の負荷が荷台にかかるといわれています。このような衝撃を受けても荷崩れしないためには、集中荷重、偏荷重などによる横滑りを防ぐ対策が必要です。そのためには、積荷間のすき間をなくして前方から順番に積付けていく必要があります。

物流オペレーションの効率を左右するのは、貨物をパレットにしっかり積付けられるかどうかです。荷姿が不安定でも問題はないという考え方は危険です。

パレットを活用する際にネックとなるのが、不適切な荷造り、積付けにより発生する「荷ずれ」「荷崩れ」です。貨物の汚損・破損に加え、物流オペレーションが滞る原因にもなります。荷姿・荷造りにムリはないか確認するために、パレタイズ貨物の荷姿・荷造り、積付け方法などを作業者にヒヤリングします。パレットに搭載されたアイテム（パレット荷）は物流特性を考慮したうえで、固定ラックや自動倉庫に格納します。

パレットから積荷がはみ出している、オーバーハング状態の貨物を放置すると、大きな事故につながる可能性があります。オーバーハングはパレタイズ貨物の大きさとパレットの寸法のミスマッチで起こります。たとえばビールパレット（900㎜×1100㎜）を使っているのならば、T11パレット（1100㎜×1100㎜）、T12（1000㎜×1200㎜）パレットなどに切り替えるといった具合に、適正寸法への切り替えが必要です。

荷ずれ、荷崩れを回避するためには、適切なサイズの段ボール箱やパレットを選定することが重要です。

またストレッチフィルムやPPバンド（ポリプロピレンを材質とする結束バンド）などを用いることで、荷姿を安定させることもできます。さらに必要に応じてクッション性のあるエアキャップ（プチプチ）などの保護材や発泡スチロールなどの緩衝材も活用していきます。

要点BOX
- ●集中荷重、偏荷重による横滑りを警戒
- ●パレットの積付け方法をチェック
- ●オーバーハング状態はパレット変更で解消

パレタイズ貨物の荷ずれ・荷崩れ対策

荷姿・荷造り・積み付けの確認

	荷ずれ		荷崩れ

原因	貨物サイズとパレット寸法のミスマッチ	原因	平積みによるパレット荷の不安定
改善対策	搭載貨物の大きさに合わせたパレット寸法の選定 T11型、T12型に合わせた荷造りの徹底	改善対策	平積みから積み付け方法を変更 PPバンド、ストレッチフィルムなどの梱包材の活用

貨物とパレットなどの物流容器との寸法ミスマッチは避けないといけないね

梱包材や梱包保護材をうまく活用していくことも大切だね

24 しくみを変えて配送遅れ・誤配送の削減

課題を抽出してリスクを最小化

注文と異なる商品を出荷してクレームを受けた場合、荷受人に注文通りの商品を迅速に配送し直すことになります。誤配送、配送遅れなどが頻繁に生じることになれば、企業の受けるダメージは計り知れません。たった一件の誤配送で生産計画が変更されることもあります。誤配送の結果、伝票に記載されている情報が誤って競合他社などに渡って情報が漏れれば大問題にもなりかねません。

誤配送防止の対策としては、運送会社側が輸配送に対するプロ意識を徹底させることです。配送先、配送品の確認は指差し呼称で声に出して行います。「どうせいつもと同じだろう」という慣れが出て、定められた手順で確認が行われないときにミスが発生しやすくなります。

その一方で荷主側は、運送会社に無理な要求を押しつけてないかどうかを注意深く検討する必要があります。ハードすぎる配送スケジュールや配車計画、安すぎる運賃などが配送の質を低下させ、誤配送の遠因となっている可能性があるからです。たとえば、ピーク時間帯の指定配送が必要以上に行われていると輸配送効率が悪化し、結果として誤配送を誘発する要因となります。

対策をしても誤配送や納品ミスが発生してしまうことはあります。その場合、迅速に対応し、処理する必要があります。本来納品されるはずだった物品を即座に配送する必要がありますが、まずはどのくらいの時間で配送できるのか、可能な限り早く顧客に連絡します。電話連絡が遅れることで二重クレームに発展するリスクもあります。

「配送ミスが発生しているので苦情の連絡を入れても、担当者に連絡がつかず折り返しの連絡もない」といったケースは最悪です。対応が遅れれば遅れるほど、先方は「誠意がない」という思いが強くなります。クレームが入ったら一刻も早く対応するようにします。

要点BOX

- ●指差し呼称の徹底で配送先を確認
- ●配送スケジュールの適正化でリスクを最小化
- ●ミスが発生したら誠意をもって対応する

出荷ミスの一例

項目	解説
誤出荷	出荷先となる荷受人を誤ること。D2C側が最も気にしなければならないミスの1つ
過剰出荷	注文個数以上に必要以上に出荷してしまう。数量ミスの出荷。逆の概念に過少出荷がある
緊急出荷	荷受人の急な要望により緊急に出荷しなければならないケース。やむを得ないケースもあるが、緊急出荷をなるべく発生させない受注体制の構築も求められる
未出荷	消費者の注文に対してきちんと受注処理ができていない場合に発生することがある

出荷ミスの一例

項目	解説
誤配送	トラックドライバーのミスなどで出荷伝票通りに配送できないケース
配送遅れ	交通渋滞などが原因で遅れが生じるケース
未着・納品遅れ	未着の発送品がいつ頃、到着するのか、あるいは紛失などの物流事故が発生していないかを確認し、顧客に迅速に知らせる
品物の汚損・破損	原因を解明し、状況をきちんと丁寧に説明する。必要ならば謝罪する。補償についても顧客と相談するようにする

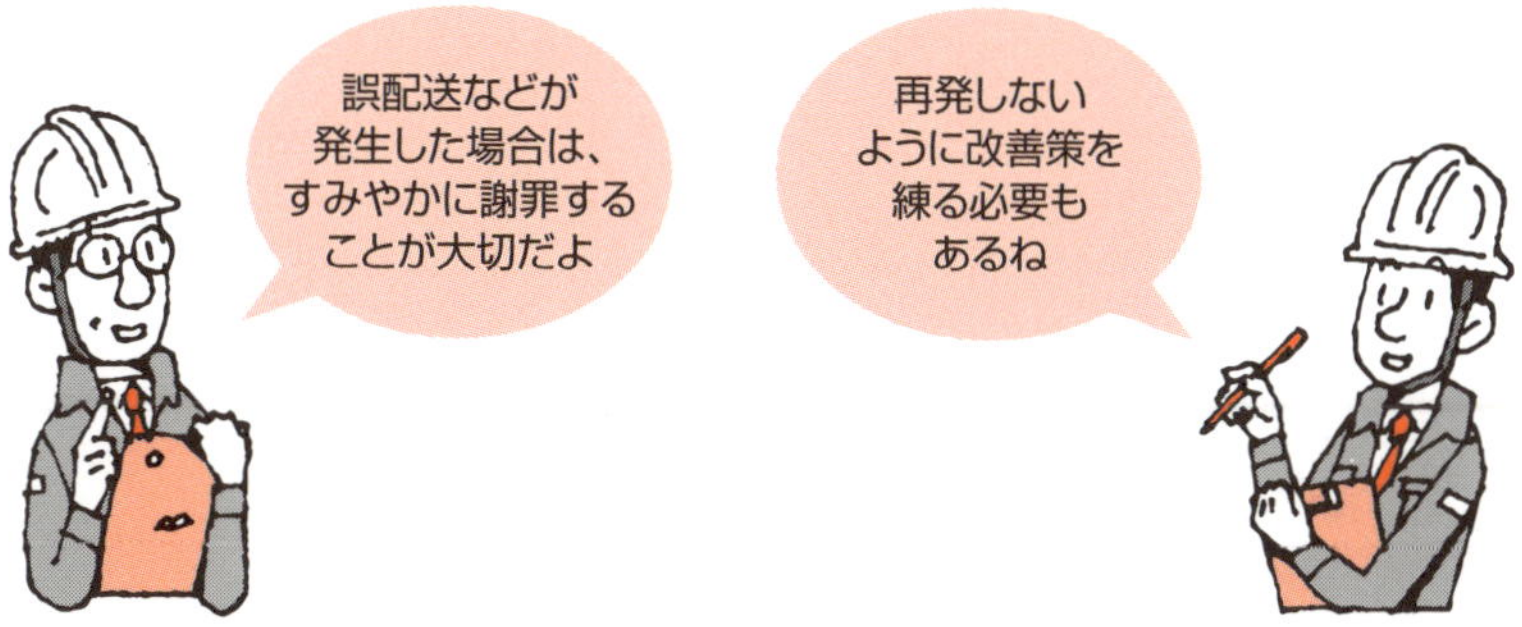
誤配送などが発生した場合は、すみやかに謝罪することが大切だよ
再発しないように改善策を練る必要もあるね

25 納期リードタイムの改善と平準化

隔日配送の導入で積載率を向上

物流現場の悩みに「配送頻度が必要以上に高い状況をいかに改善し、適正化を図っていくか」があります。多頻度小口の入荷が多いため、入荷検品が断続的に行われて非効率であるというケースです。

たとえば入荷について、曜日別に入荷量のバラつきがあるという状況が挙げられます。「週末や週の始まりの月曜日などは入荷量が少なく、週の半ばは入荷量が多い」といった状況です。また、前日に入荷したアイテムと同じアイテムが翌日も続けて入荷する「重複入荷」も見られます。この場合、まずは日次、週次、月次レベルでアイテムごとの入荷量をチェックし、曜日別、アイテム別などの入荷量をグラフで視覚化して改善の方向性を検討します。

そして必要に応じて配送頻度を減らしていきます。たとえば、入荷量の少ない曜日を思い切って週次レベルで「ノー入荷デー」に設定するのも一案です。すなわち、1週間に一度は入荷なしの日を設けます。「ノー入荷デー」を設けるメリットは入荷業務の平準化のみならず、入荷トラックの負担軽減にもつながります。複数日にまたがる同一アイテムの重複入荷を回避することで、入荷トラックの積載率（積載トン数÷積載可能トン数×100）を向上させることも可能になります。さらに、入荷トラックの手待ちなどの待機時間も短縮できます。

受注後の翌日納品を原則としたオペレーションであるにもかかわらず納品トラックの積載率にバラつきが生じているケースでは、発注頻度を調節します。多頻度小口型の発注ではなく、一回の発注ロットを増やすことで対応します。実際、サプライヤーごとの入荷予定を毎日発注から隔日発注に切り替えて成功している企業もあります。翌日納品が原則である場合、翌々日納品に切り替えることで、トラックの積載率のバラつきを解消できるかどうかを検討する余地があるのです。

要点BOX

- ●入荷量をグラフ化して改善内容を検討
- ●必要以上に高い配送頻度を適正化
- ●入出荷ロットのムラを解消

ノー入荷デーの設定

現状

- 曜日によって取扱量に大きな変動がある
- 同一アイテムが連日、入荷してくる
- 日によって作業量が違うので人員配置が難しく、作業時間の見通しが立ちにくい
- 入荷トラックは連日、荷待ち、手待ちで待機時間が長い

↓

対策

- 「ノー入荷デー」を設定
- 発注管理を見直し、連続入荷を防ぐ

↓

効果

- 入荷量のバラつきがなくなる
- 入荷アイテムの連続入荷がなくなる
- 作業者数、作業時間のバラつきがなくなる
- 入荷トラックの待機時間の削減

↓

平準化の達成

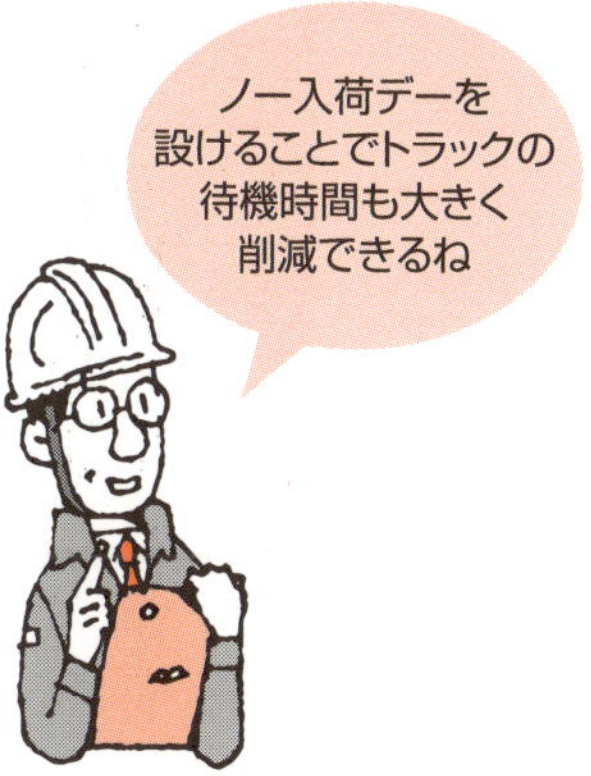
ノー入荷デーを
設けることでトラックの
待機時間も大きく
削減できるね

Column

貨客混載の活用

貨客混載とは、貨物と旅客を同一輸送機関で運ぶ輸送形態です。通常は人を輸送するための乗り物で荷物を運ぶのです。貨客混載はバス、タクシー、鉄道などで旅客と貨物の同時輸送を行います。

とくに鉄道による貨客混載は宅配便などの消費者物流と親和性が高く、2010年には札幌の市営地下鉄東西線で宅配便の拠点間輸送の実証実験が行われました。翌2011年には京福電鉄、宮崎交通でも実証実験が行われました。その後も大手宅配便企業が旅客鉄道輸送会社と協力して貨客混載を導入しています。2017年には貨客混載に関する規制が緩和され、長良川鉄道、京王電鉄、JR北海道などが相次いで宅配便の運送に参入しています。その後、コロナ禍の影響で旅客輸送量が大幅に減少したことで、旅客鉄道利用者の大幅な減少の穴埋めとして鉄道会社が貨客混載を有力な選択肢として捉えるようになってきました。

他方、トラック運送業界ではトラックドライバー不足が深刻化しています。そこで、旅客鉄道列車の空席などを貨物輸送に活用できれば収入減を補えることに注目が集まりました。それまでは宅配便の大都市域内の中短距離輸送が中心でしたが、新幹線や特急の空席の活用も検討されたことで、鉄道による長距離輸送が貨客混載で行われるケースも増えてきました。

貨客混載を推進することで路線の維持と有力なトラックドライバー不足対策ともなることから、鉄道などが旅客確保に悩む地方でも近年とくに注目度が高まっています。物流現場改善においても有力な選択肢となりえる可能性を秘めています。

第4章

工場現場の物流改善ってどうするの?

26 生産計画と調達物流の関係

自動車メーカーなどの組立メーカー（アセンブラー）が部品供給メーカー（サプライヤー）から部品、素材などを調達するプロセスを調達物流といいます。組立メーカーは生産計画に基づき、必要な部品を必要な数だけ必要なタイミングで調達します。

たとえば自動車の場合、調達物流は緻密な生産計画と在庫政策なしでは成り立ちません。自動車メーカーの工場に直接納入されず、別の部品メーカーの工場や倉庫などにいったん納入されてから自動車メーカーの組立工場に納入されることもあります。多くの部品がサプライヤーから自動車メーカーのパーツセンターなどに収められ、生産計画に基いて本工場に出荷されていました。関連部品と組み合わせる作業をパーツセンターで行ったうえで、本工場に出荷されることもあります。組立工程をパーツセンターで行うことにより、本工場における手間を省けます。

なお、自動車メーカーの多くは部品供給、組立の段階まではジャストインタイム（JIT）など、可能な限り無在庫に近い管理が行われてきました。近年はジャストインケース（JIC：万が一に備えた在庫管理）にシフトしつつあります。在庫をやや多めに持ち、大型自然災害や有事などの発生に備えた在庫政策です。

調達物流について、組立メーカー、部品メーカーのそれぞれの視点から考えます。組立メーカーの視点では、「いかに緻密な在庫管理体制を構築し、組立生産ラインに負荷をかけないようにするか」が大切になります。完成品だけではなく、半製品、仕掛品、部品といった具合に複数のカテゴリーの在庫があるからです。

他方、部品メーカーの視点では「組立メーカーが設定する納期にあわせて、必要な部品をいかに効率的に供給していくか」が重要になってきます。また納期を意識しすぎるあまり、安全在庫を積み重ねてしまうような対応ミスが発生しないようにします。

要点BOX

- ●必要なモノ、数量、時期を管理
- ●緻密な生産計画に支えられた調達物流
- ●ジャストインケースの在庫政策に対応

調達物流と生産物流

調達物流

サプライヤーから部品を調達して生産ラインに投入

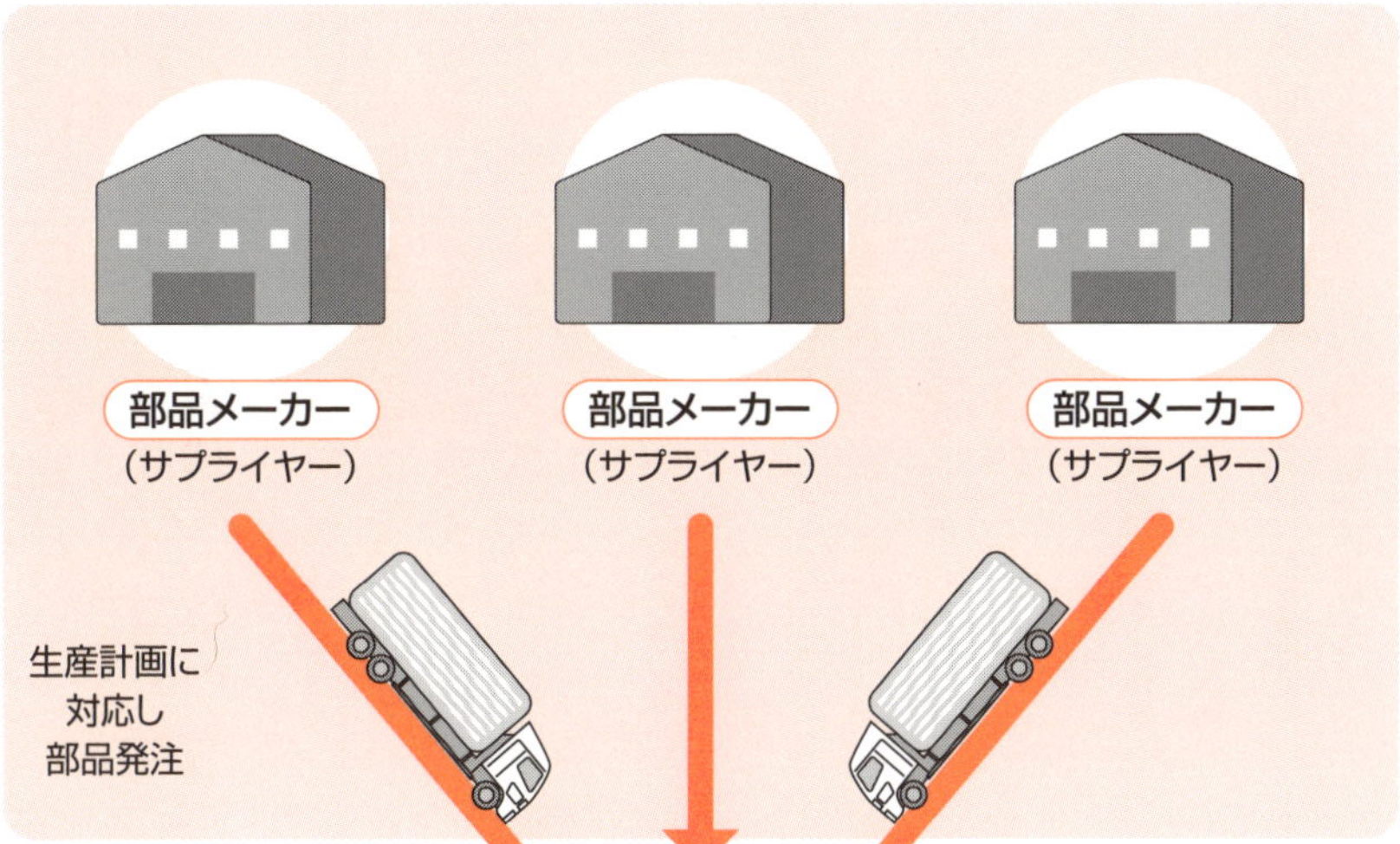

生産物流

部品在庫、仕掛品、
半製品、完成品の在庫管理、
完成品の出荷管理など

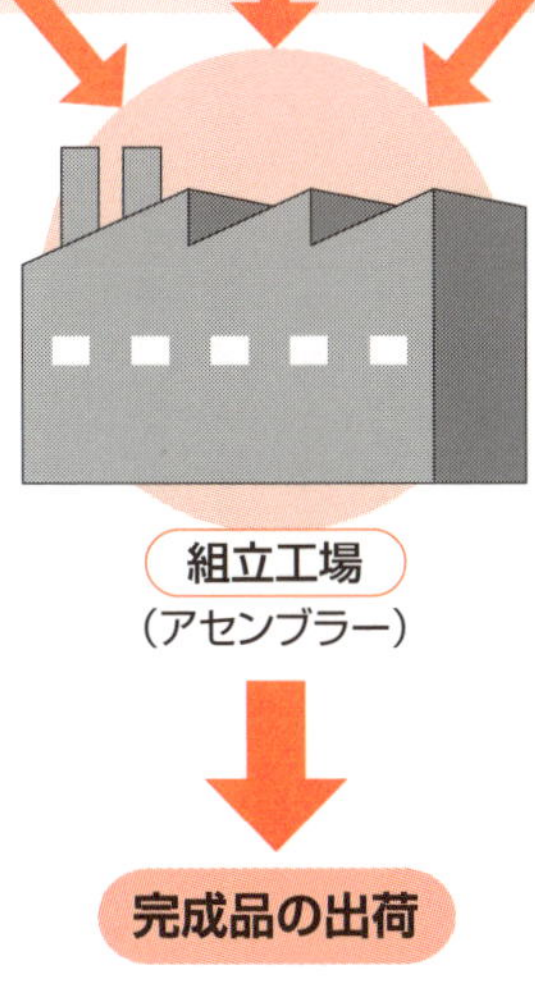

27 部品在庫、半製品在庫の管理体制を改善

整理整頓の励行で在庫の見える化を実践

組立メーカーの視点から考えた場合、調達物流の大きな特徴として、在庫管理が複雑になることが挙げられます。生産量と在庫量が一致することが理想となるため、在庫差異の発生などは極力避けたいものです。

在庫管理の考え方としては、まず「生産台数（完成品在庫）がどれくらいか」を把握したうえで、半製品、仕掛品、部品の在庫数量を逆算します。手計算ではミスをするリスクもありますから、表計算ソフトや在庫管理システムを活用して、必要となる在庫数量を計算します。それによって過剰在庫や過小在庫、あるいは欠品を回避できます。

在庫は金額、個数、日数でそれぞれ把握できるようにしておくと便利です。小売業では日々の売上高を金額で表示していることもあり、在庫についても「在庫高」として金額で表示することが多くなります。調達物流でも在庫を金額で表示することはありますが、それよりも「在庫数量」として個数を単位として表示することが多くなります。完成品で用いられる個々の部品の数量から逆算するかたちで、総数量を求めていくのです。

さらに個数を日数や時間数で表示できると、緻密な生産計画と連携させるかたちで在庫管理を行えます。日数で在庫量を捉える場合には、たとえば「1か月でこれだけの数量が必要になるから、1週間、さらに1日ならば在庫量はどれくらい必要となるか」というように、数量と日数・時間数を関連付けて把握します。責任者を決めて、在庫量が膨れ上がるといったリスクをチェックすることも必要です。

現場改善にあたっては、在庫の見える化、整理整頓が不可欠になります。どこに何があるかがわからなくなれば、在庫過剰のリスクも出てきます。5S（整理・整頓・清掃・清潔・躾）を徹底することで、在庫数量が正確に把握できるようになります。

要点BOX

- ●生産台数から半製品、仕掛品、部品数量を逆算
- ●在庫数量を日数･時間数に換算
- ●在庫責任者を設置して責任を明確化

金額、数量、日数による在庫のとらえ方

在庫高
（在庫を金額でとらえる）

小売業などでは、「この店舗の在庫は〇〇円になる」というように、在庫を金額から把握することが多い

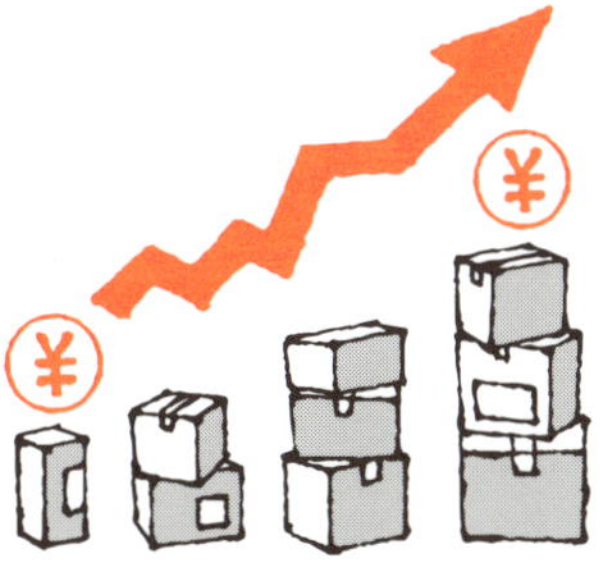

¥
¥

在庫数量
（在庫を数量でとらえる）

物流業などでは、ピース単位、ケース単位などで出荷する必要性から在庫を数量でとらえるのが一般的である

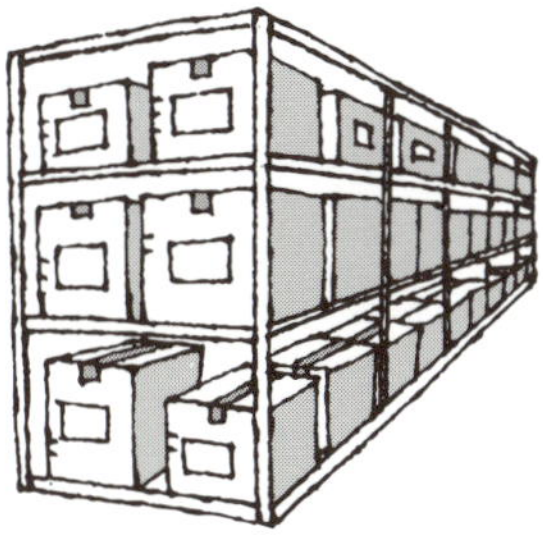

在庫日数
（在庫を日数でとらえる）

製造業などでは、生産計画との関係から、どれくらいのインターバルで部品などの在庫補充をかけるかが重要になることが多いので、「この部品は10日分の在庫がある」というように在庫を日数（リードタイム）でとらえることが多い

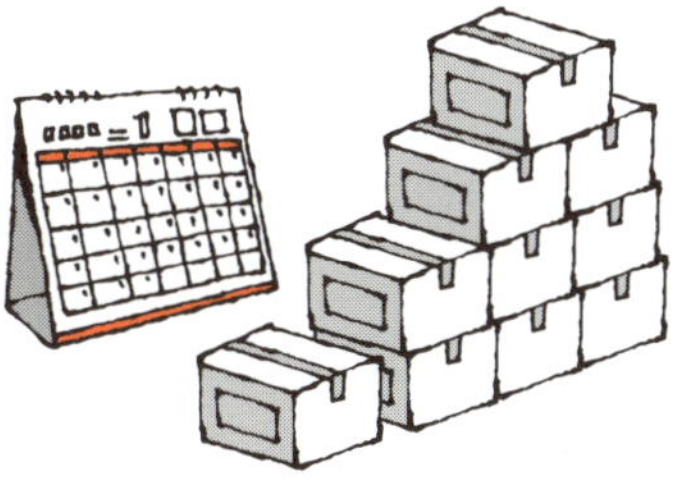

どのような単位で把握するかで在庫の見え方も変わってくるね

物流業の場合、金額ベースだけでは不十分ということになるね

28 フォークリフト荷役の荷捌きを改善

入出荷プロセスをパレット単位で効率化

効率化の視点から、入荷ロットをパレット単位に変更するとフォークリフトで処理しやすくなります。ただし、フォークリフトによる荷捌きが非効率になっているケースも目につきます。たとえば、ある現場では何台かのフォークリフトが縦横無尽に忙しそうに往来しています。一見、荷捌き作業も効率的に行われているように見えます。しかし、よく観察すると、ほとんどのフォークリフトの荷台にはアイテムが積載されていません。どうやら、多くのフォークリフトはオペレーターが手待ち時間に巡行しているだけのようです。

この手空きのオペレーターにフォークリフトから降りてもらい、代わりに別の作業に従事してもらえば、時間も人も有効に活用できるはずです。フォークリフトの空運搬は燃費を悪くするだけでなく、物流作業の妨げとなっています。

また、荷捌きエリアを見ると、フォークリフト以外にも台車運搬や手運搬を行う作業者がいます。そのすぐそばをフォークリフトが走り抜けていくことになるわけですから、人とフォークリフトの動線が区別できるように線引きを行う必要もあります。しかし、現場ではフォークリフトが忙しそうに走行しているため、現場改善に必要な課題が見えにくくなっていました。

肝心のフォークリフトのオペレーションについても、よく見ると、熟練作業者は走行しながら荷捌きをする「荷すくい」をやっていました。たしかに作業効率が向上する可能性もありますが、標準的な荷捌き方法ではなく、危険も伴います。フォークリフトの使い方をチェックし直して、改めてガイドラインやルール作りを行い、標準化を進める必要もあります。

物流現場改善としてフォークリフトの荷捌きを改善する場合は、モノの流れにムダな動線がないかを入念にチェックする必要があります。また適切な作業者数、台数でオペレーションが行われているかをチェックしておくことも大切です。

要点BOX

- ●手運搬、空運搬の解消を実現
- ●作業動線を見直し、庫内レイアウトを再構築
- ●フォークリフトの正しい使い方を徹底

フォークリフト荷役の荷捌きを改善

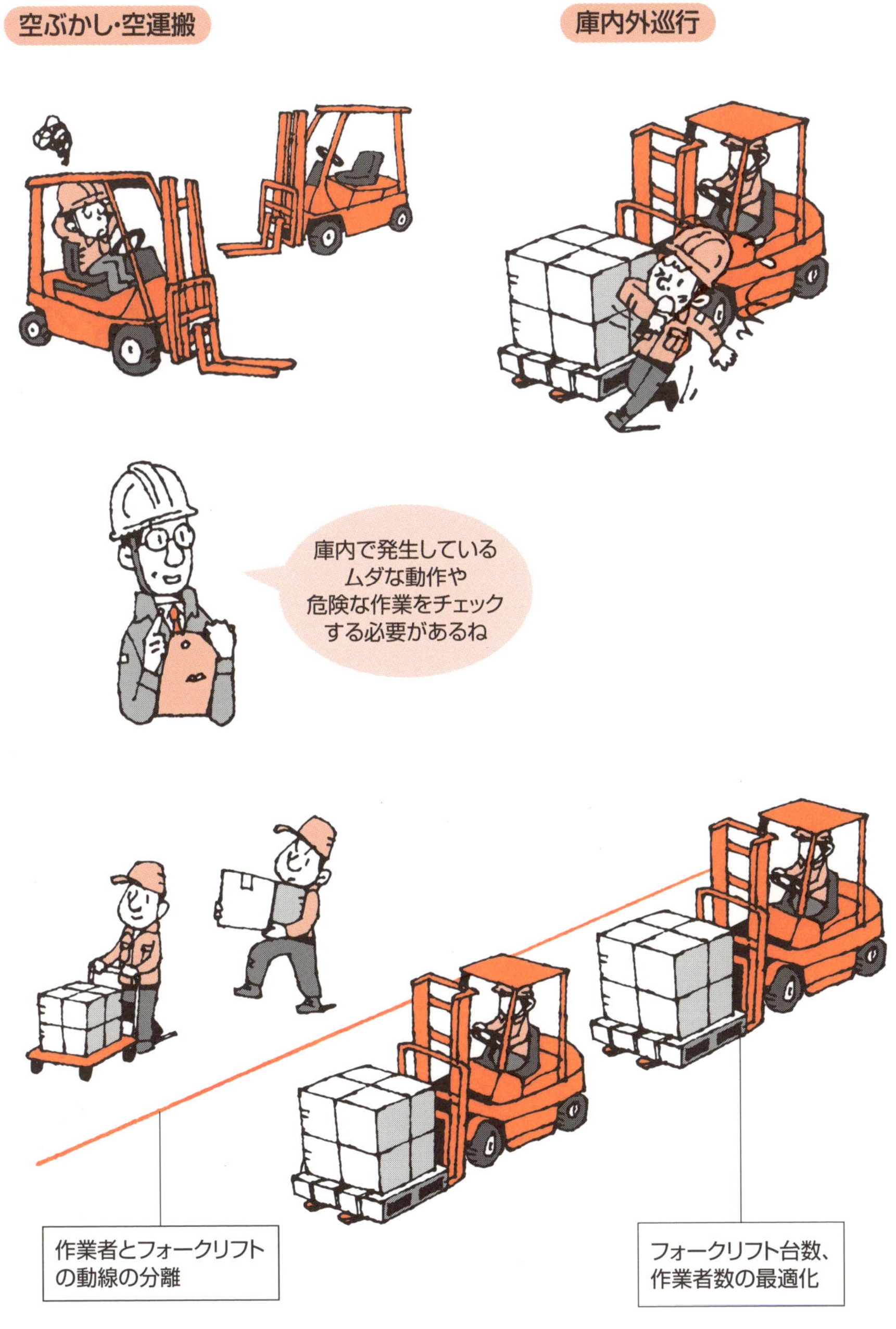

29 ミルクラン集荷の傭車・配車の工夫

ダイヤグラム配送の導入で生産ラインと密接にリンク

自動車の組立工場への納入は膨大な量になります。取扱い部品数を考えると、サプライヤーごとにトラックを走らせては、長時間の荷待ちが発生してしまいます。また、部品によっては1回の発注量がトラック1台の搬入量に満たないこともあります。その場合、サプライヤーのA社、B社、C社、D社がE社の工場に別々に納入するよりも、大型車で各社の貨物を1台にまとめたほうがコストは削減され、効率は向上します。

一般に部品が調達先からトラックなどで工場に運ばれてくる場合、仕入れ価格に運賃が含まれることになります。しかし、納入先が運賃を負担することになれば、調達先の物流コストに関する関心は低くなります。そのため、「部品納入の際のトラックでは多頻度小口型の配送が行われており、積載率が低く、帰り荷もない」といった問題が考えられます。

そこで集荷・納入のオペレーションを組立メーカーが主導して展開されるのが、ミルクラン集荷・納入です。組立メーカーのトラックが複数のサプライヤーの工場を順番に周って集荷し、そのうえで組立工場に納入するという仕組みです。

複数の工場などを回って配送貨物を集荷し、調達物流コストを管理します。車両手配を発注側の工場が行い、複数の納入業者の貨物をまとめて仕入れます。さらに過度の多頻度小口物流にならないようにトラック台数や車両規模を適正化し、運行スケジュールをしっかり定めた定期便(ダイヤグラム配送)で納入します。輸送コストの削減分は双方で按分することになります。

ミルクラン方式を導入し、調達物流コストの可視化、効率化を推進するにあたっては、集荷ルートが適切かどうかを必ず確認します。集荷ルートが冗長である場合、トラックの車両台数が必要以上に増えてしまうことがあります。最適化された経路をムダ、ムラ、ムリなく集荷する必要があるのです。

要点BOX

- ●複数の調達先の貨物をトラック1台にまとめる
- ●運行スケジュールを緻密に構築
- ●集荷ルートの策定を最適化

調達物流と生産物流

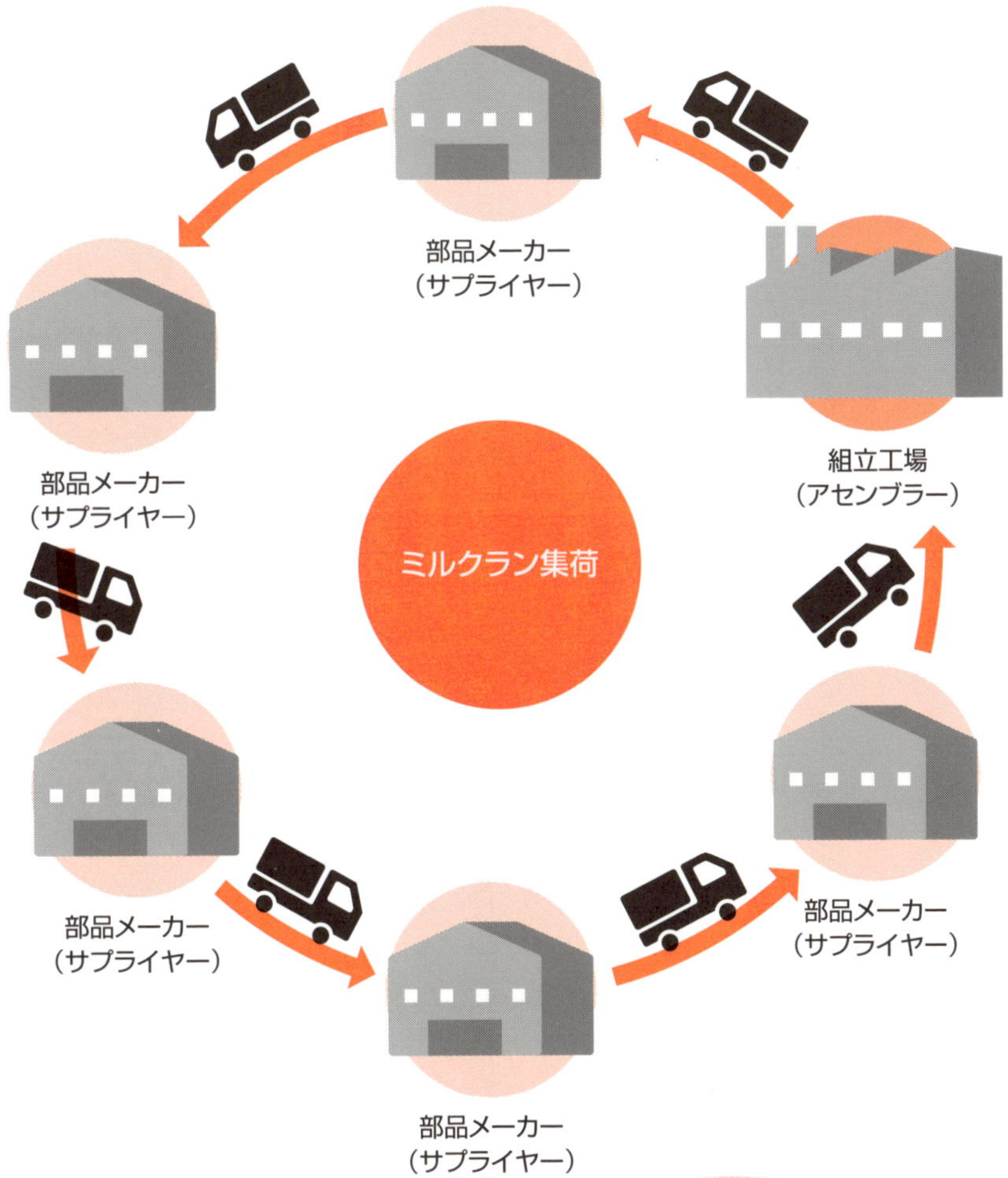

部品メーカー
（サプライヤー）
部品メーカー
（サプライヤー）
組立工場
（アセンブラー）
ミルクラン集荷
部品メーカー
（サプライヤー）
部品メーカー
（サプライヤー）
部品メーカー
（サプライヤー）

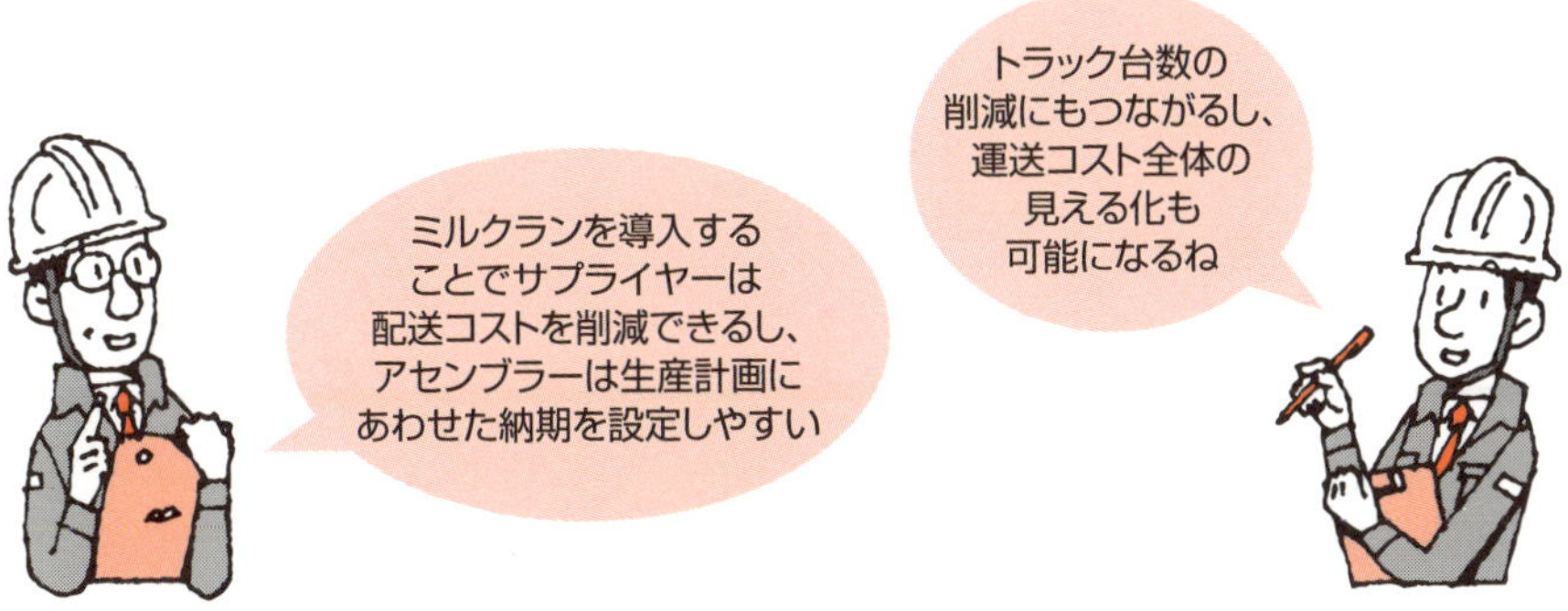

ミルクランを導入する
ことでサプライヤーは
配送コストを削減できるし、
アセンブラーは生産計画に
あわせた納期を設定しやすい
トラック台数の
削減にもつながるし、
運送コスト全体の
見える化も
可能になるね

30 JITからJICへの改善の道筋

在庫レベルを柔軟に調整

工場での一連のモノの流れをスムーズにすることはきわめて重要です。したがって、部品メーカーなどのサプライヤーにはJIT納入が原則とされました。ただし、近年は大型自然災害、パンデミック、国際紛争などの発生に備えて、ある程度、在庫に余裕を持たせるジャストインケース（JIC）を導入する企業も増えています。

過度な多頻度納入が行われた場合、逆に物流効率が悪化することになります。トラックの積載率が低く運送コストがかさんだり、納入先の保管スペースが不足したりする事態も発生します。下請法にも配慮して「当日発注、当日納入」は避けたいところです。

JITにあたっては積載率、保管効率、作業効率などについて十分に配慮しなければなりません。過度な多頻度納入は一部のセクションにプラスをもたらすかもしれませんが、全体にとってはマイナスになります。部分最適を実現できても全体最適は実現できないことになります。

過度な多頻度納入の要因としては、たとえば発注アイテムごとに納期指定日が別々になっていたり、急な追加発注に追われたりするケースが考えられます。納入先に大型トラックが入る十分なスペースがないため、やむをえず多頻度小口納入になることもあります。対策としては仕入先ごとの一括納入や標準部品の導入によるアイテム数の削減、共同配送センターの設置、VMI（ベンダー管理在庫）の導入などが考えられます。仕入先側が生産計画の急な変更による追加発注などを極力、減らしていくことも大切です。

反対に「納品遅れ」の発生もコスト高の要因となります。ちなみに納品遅れの主な理由としては、「輸配送ルートが的確でない」「貨物状況が把握できない」「トラック車両のアイドリング時間が長い」などが考えられます。なぜ「タイムスケジュール通り納品できないのか」を自問し、解決策を練る必要もあるのです。

要点BOX

- 必要なときに必要な量だけタイムリーに供給
- リスク管理を重視した在庫政策に注目
- 原因を考えて過度な多頻度納入を減らす

時代の変化によるJICの構築

JIT

必要な時に必要なモノを必要なだけ補充

JIC

リスク管理に配慮して在庫に余裕を持たせる補充体制

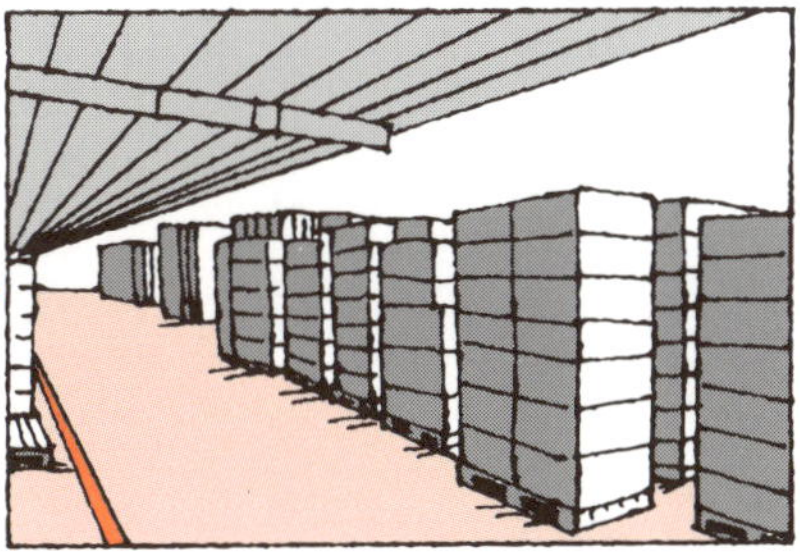

時代の変化

自然災害の大型化による在庫リスク

有事・パンデミック対策

下請法・独占禁止法などへの対応

自然災害の影響でサプライチェーンが途絶すると在庫補充がうまくいかなくなるよ

下請法では書面交付義務も定められているし、口約束だけの発注はできない時代だよね

31 通い箱のしくみとルールを改善

循環型物流システムの構築

包装や梱包の工夫により、物流コスト削減が可能です。包装の標準化、梱包業務の簡素化を実現するうえで高い効果を期待できるツールとして「通い箱」（リターナブルボックス）があります。通い箱を導入することで、包装コスト削減と積載率、保管効率、作業効率の向上と関連経費の節約を同時に推進できます。工場などで展開される生産物流では、製品以外での必需品を工場間輸送でやり取りします。通い箱はその際に用いられます。工具、書類などを通い箱に入れて、工場間を輸送します。包装材廃棄物の発生を最小限に抑制することを目的に、国内だけではなく、海外とのやり取りで繰り返し使用できる通い箱を導入している企業もあります。

通い箱は、プラダン（プラスチック段ボール）で繰り返し再利用できるタイプのものを使うことが主流になっています。段ボール箱では2～5往復程度しか耐えられない可能性がありますが、プラダンならば数百回、あるいはそれ以上使用することも可能になります。しかもコンパクトに折りたためるので、空き箱の回収コストを大幅に抑えられます。たとえば折りたたんだ9枚を1ケースに収納し、10箱を1セットとして回収するというように使用できます。

通い箱を採用すれば、段ボール箱でワンウェイの工場間輸送を行っていた場合に必ず伴っていた開梱作業を省くこともできます。段ボール箱は廃棄処分とする必要がありますが、通い箱の場合はその処分工程も不要です。さらにはＲＦＩＤ（非接触タグ）を活用したトレーサビリティシステム（追跡可能性）を構築し、内容物の在庫や回収についてウェブ上の管理が可能なモデルもあります。

ちなみに米国の研究でも通い箱システムの導入とあわせて積載率の向上を図り、物流コストを40％以上も削減することに成功した企業の事例も報告されています。

要点BOX

- ●帰り便を効果的に活用
- ●プラスチック段ボールを使用して繰り返し使用
- ●包装材廃棄物の発生を最小化

通い箱と取扱いのポイント

日常の管理・
5Sの徹底

保管スペースの
確保が必要

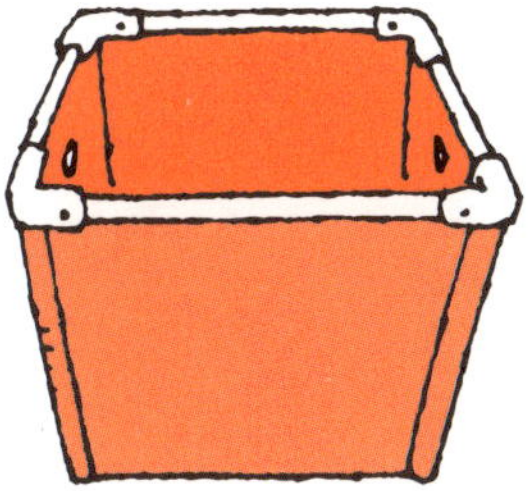

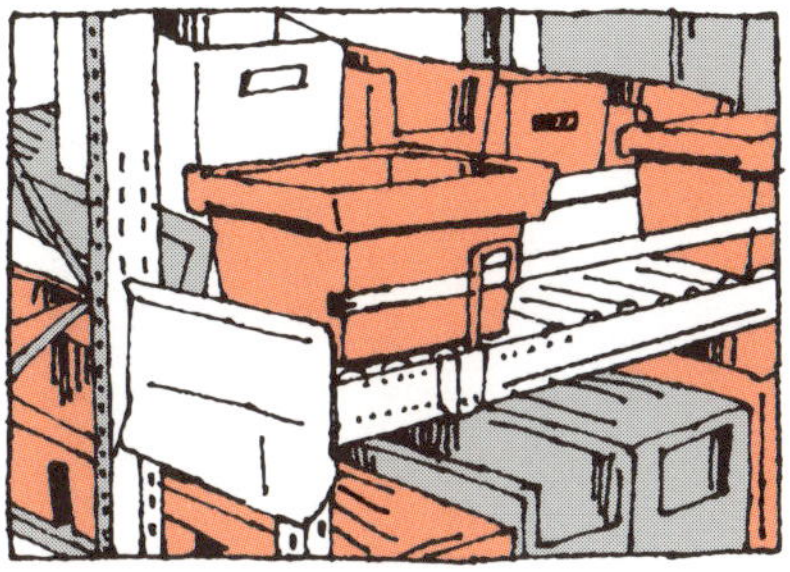

通い箱の回収・洗浄工程の作業手順

1. **適切な手順で適切な量だけ入れる**
   プラスチック段ボールなどに緩衝材・固定材を入れ、
   製品が破損しないようにする
2. **パレットへの積み付け作業**
   段積み可能な設計として、
   通い箱をパレットに積み上げ運搬する
3. **指定時間に納入**
4. **通い箱から物品を取り出す**
   取り出したあとの空の通い箱は
   所定のエリアに仮置き・一時保管
5. **破損・汚損などの有無をチェックし、回収ルートを経て、洗浄・修繕工程へ**
6. **洗浄・回収・修繕を実施し所定のエリアに保管**
7. **梱包・出荷エリアに空の通い箱を運搬**

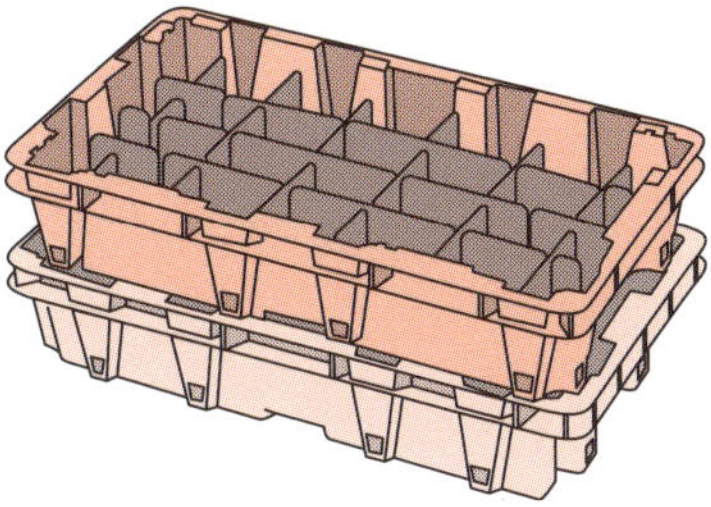

用語解説

PPバンド：ポリプロピレン樹脂を主原料とした帯状のバンドで、荷物の梱包用として使われる

32 パレット単位による出荷体制の導入と改善

荷役生産性の向上を推進

部品工場から組立工場向けの出荷をバラ積み貨物で行うケースを考えてみましょう。部品工場でアイテムはピース単位で扱われるか、段ボール箱などのケースに入れ替えられて出荷されます。この場合、トラックへの積込み、積付けにかなりの時間がかかる可能性があります。

また、積込みの際に、数量ミスを起こすリスクにも気をつけなければなりません。バラ積みで取扱数量が多くなれば多くなるほど、カウント間違いのおそれが高くなるからです。さらに緩衝材や保護材が少なければ、輸送中の破損、汚損のリスクも出てきます。

組立工場の入荷に際して、積卸し、荷捌きが手作業になることから、予想以上に時間がかかるリスクもあります。作業時間が延びれば、生産ラインへの投入が遅れる可能性も出てきます。

バラ積み貨物をパレット単位に切り替えれば、こうしたリスクを抑えられます。パレット単位に切り替えることで、生産ラインと同期しやすくなります。ただし、パレットを単に導入するだけでは十分な改善にならない場合もあります。たとえば、組立工場に納品された貨物を積載したパレットは、生産ラインへの投入後に、部品工場に返却しなければならない空パレットになります。部品工場に帰り便があり、その荷台の隙間に載せることができれば空パレットの流れもスムーズになります。しかし、そうでない場合は、空パレットの返却に専用のトラックを用意する必要があります。そのためのコストもかなりの額になります。

有力な解決策は、レンタルパレットシステムを利用することです。パレットをレンタルに切り替えることで、空パレットの回収も委託できます。パレットの共同回収ルートに乗せることで、コスト低減と効率化の両立を目指せます。自社保有のパレットからレンタルパレットへの切り換えを必要に応じて検討することも重要なのです。

要点BOX

●バラ積みでは問題点が多い
●製品の生産ラインへ迅速に部品を投入できる
●レンタルパレットの導入による効率化

レンタルパレットの活用による効率化

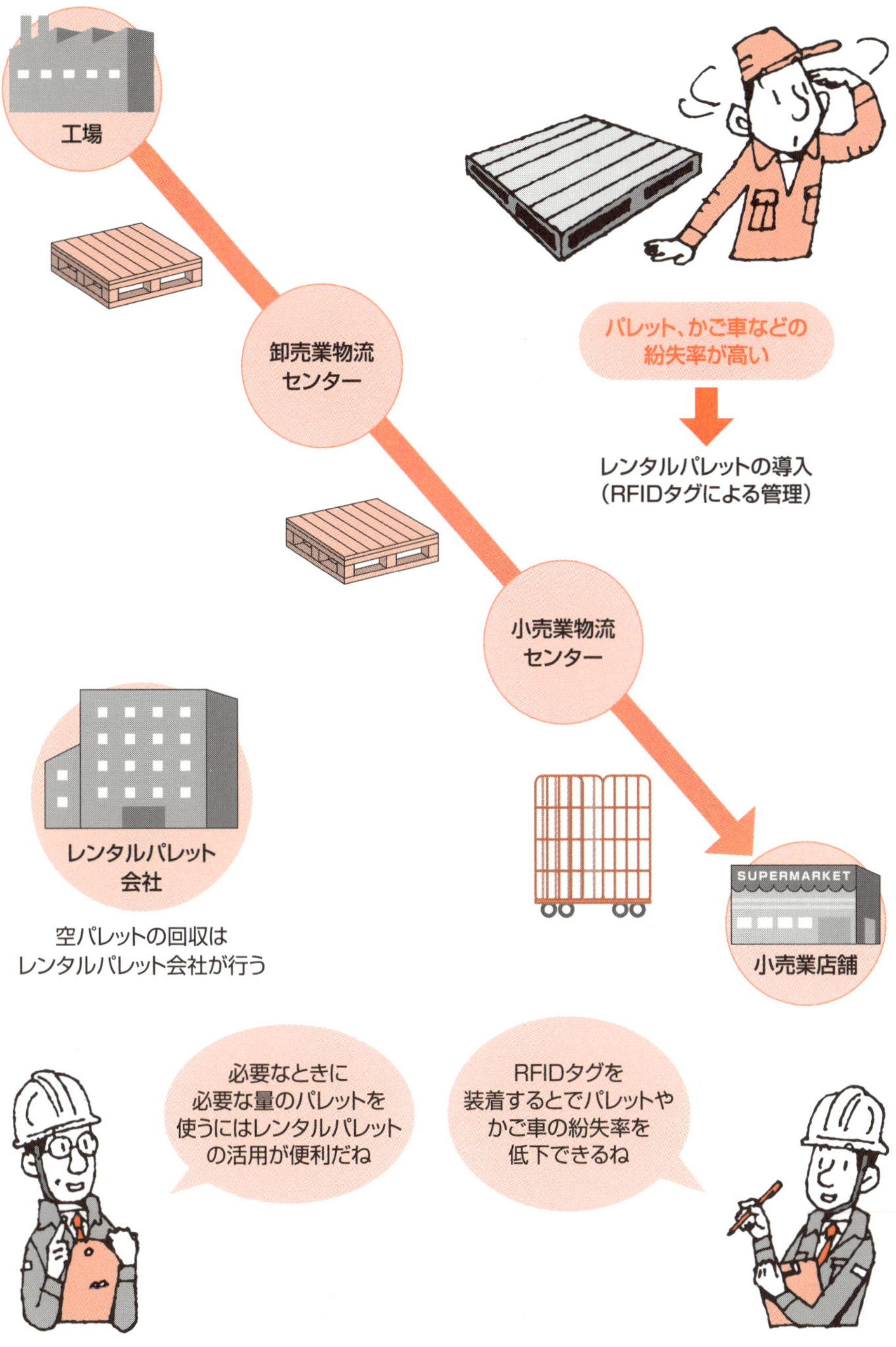

33 工場倉庫のロケーション管理と見える化

初見者にもわかる庫内レイアウトの実現

物流現場の見える化を図るうえで、保管エリアのロケーション管理をしっかり行うことはきわめて重要です。

たとえば入庫、棚入れ作業において工場倉庫、部品センターでは材料・資材、部品などが入荷されると、その都度保管スペースを定めることが多くあります。ただし、「どこにどの物品があるのか」がわからなくなるリスクもあります。入庫、棚入れについても時間がかかってしまうかもしれません。つまり場内、庫内が荷繰りや荷探しを誘発しやすい環境になってしまうのです。それは作業コストなどにも大きく影響します。

こうした問題を解消し、入庫・棚入れを効率的に行うにはロケーション管理の導入が不可欠です。固定ロケーションやフリーロケーションを導入し、初見者にもすぐにわかるようにロケーション管理を行います。固定ロケーションでは、商品別に格納エリア、保管エリアに所番地をきちんと設けて管理していきます。これに対してフリーロケーションは空所となっている任意の所番地に商品を順次格納していく方式です。

固定ロケーションとフリーロケーションのどちらを用いるかは、取扱品目や入出荷量、在庫量、物流システムの特徴などを総合的に考慮して決定します。重要なのは、どの物品がどこに格納・保管されているのかを正しく把握し、それを見える化することです。

出荷頻度や商品の関連性などをふまえた所番地化を行い、ロケーション管理を徹底させるようにします。またWMS（倉庫管理システム）と入念に紐づけし、実在庫の保管ロケーションをPC上に正確に反映させるようにします。実在庫とコンピュータ在庫の間に差異が発生することは避けなければなりません。

ちなみに実在庫とコンピュータ在庫を一致させることを「情物一致」（情報システムと実物の一致）と呼びます。在庫差異をなくすためには、情物一致の徹底が求められるのです。

要点BOX

- ●固定ロケーションとフリーロケーションを戦略的に使い分けて在庫を管理する
- ●実在庫とコンピュータ在庫の差異を解消

ロケーション管理の種類

ロケーション管理

ゾーン、棚番号、通路番号などをアルファベットと数字を用いて棚間口ごとに指定し、荷物の所在を明らかにする管理方法

固定ロケーション

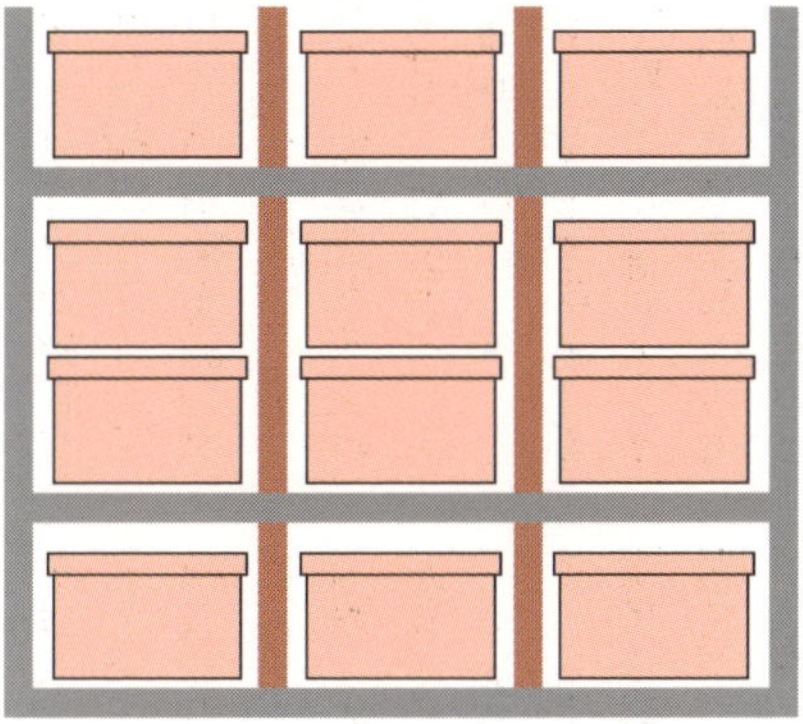

- 物品別に格納エリア、保管エリアを設定する
- 物品の出荷頻度にムラがない場合は、固定ロケーションが好ましいケースが多い

フリーロケーション

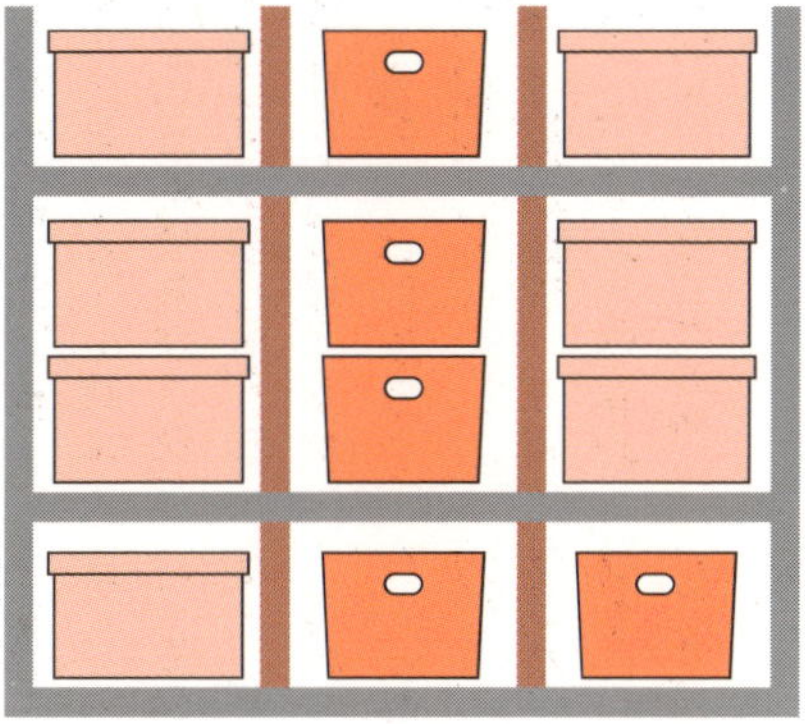

- 任意のスペースに商品を順次格納する
- 入庫、格納の早い順番に出荷することが容易で、先入れ先出しを効率的に行える

ゾーンロケーション

- あるエリアに関連品目群を集約し、そのエリア内ではフリーロケーションを採用する管理方法
- 自動倉庫との組み合わせで採用されるケースが多い

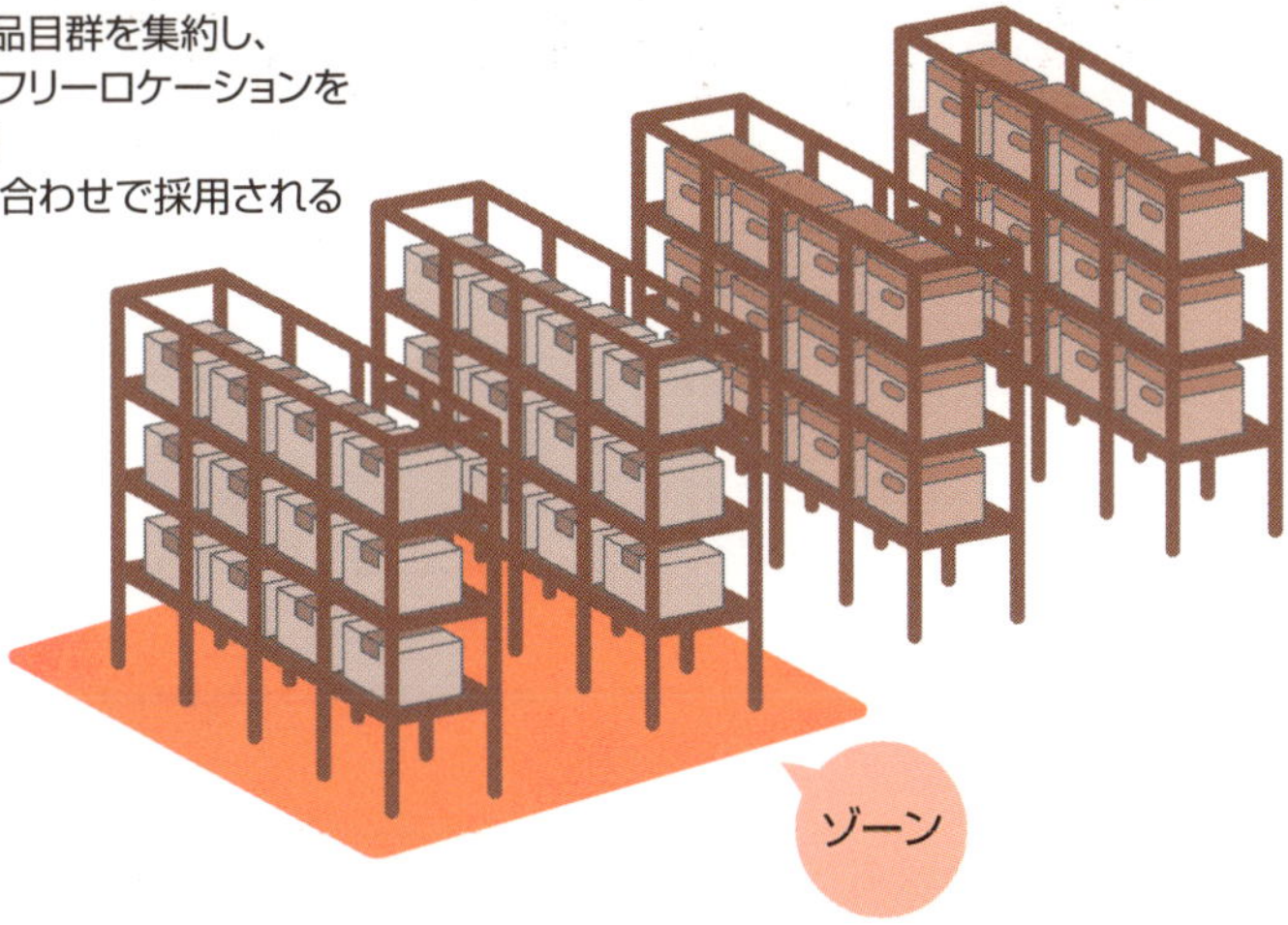

Column

標準化と物流DX

最新の物流センターでは庫内作業をできるだけ標準化する方策がとられています。自動倉庫の導入、デジタルピッキングの高度化、梱包の簡素化、作業効率を上げるためのRFタグ（非接触タグ）の導入などが推進されています。

物流センターにAIを搭載する「無人化」の動きも加速しています。近年、特に軍事分野では「無人化」が急速に進み、無人ミサイル、無人戦車、無人迎撃システムなどにより省人化が進められています。無人ヘリコプターや無人飛行機は自らの判断で航路を決め、無人警備システムでは敵か味方かを人間ではなくコンピュータが判断して、必要ならば射撃などの防衛手段を講じています。

物流でも、受発注処理、在庫レベルの管理、共有すべき情報の提供、生産計画、さらには工場、物流センター、店舗などのオペレーションをコンピュータが判断し、無人化された関連機器、什器などにより作業が行われるという状況が、近い将来、相当な確率で実現するとも考えられます。

これまでの省人化の流れの中で、多くのオペレーションは手作業から機械作業にシフトするかたちで自動化が行われてきました。RFタグの導入などもその流れのなかにありました。小売店舗などでは主要商品にUHF帯RFタグを装着し、タグを読み取ることにより、レジの自動化を実現した事例も多々、報告されています。

現在、トレンドは自動化・省人化から無人化へとシフトしつつあります。店舗において、考える人型ロボットによる販売システムの構築といった話が高い現実性を帯びてきています。

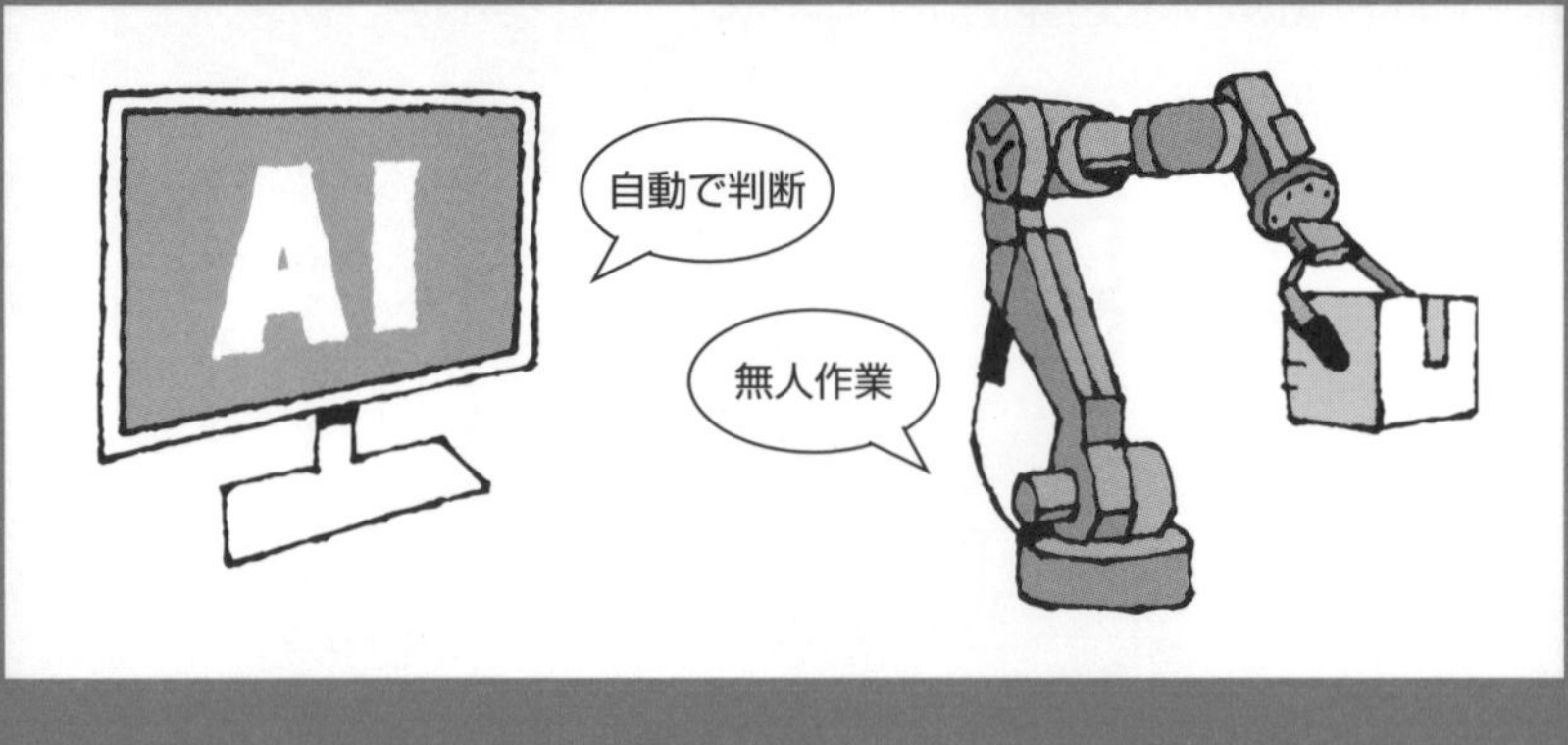

第5章

倉庫・物流センター現場の改善ってどうするの?

34 検品・検収作業の効率化を推進

仮置き場の工夫で作業効率を向上

物流センターでは入荷トラックの積卸しを終えたあと、貨物を運搬し、検品を行います。その際に作業スペースが狭いと、検品ミスにつながります。また、「誤検品が多い」という指摘があれば、改善の方向として、「余裕をもった作業スペースを取る」という選択肢が生まれることも念頭に置きましょう。

入荷スペース、検品スペース、保管エリアなどがそれぞれ細かく分かれているほうが効率的である、という考えもあります。ただし、入荷量が増えてくると処理能力が追いつかず、作業者が混乱するリスクもあります。入荷量が多いため、入荷するたびに空きスペースへ保管しようと考え、保管エリアに仮置きしてから検品作業を始めると、取り違えミスなどが発生しやすくなります。細かくスペースやエリアを区切ると、仮置きが増える可能性があります。

実際、それぞれのエリアの仮置き場が増えれば、作業スペースも狭くなったり、足りなくなったりします。十分にスペースを取れるほど庫内が広ければ問題はありませんが、ぎりぎりのスペースで作業をしている場合は、入荷、入荷検品、格納のプロセスを1つにまとめ、保管エリアの仮置き場をなくしたいところです。

仮置きが多くなると、平積み、高積みも多くなります。平積み、高積みが多くなると、段ボール箱などの下段の先入れ荷物ではなく、上段の後入れ荷物のほうが取り出しやすくなってしまいます。すなわち「先入れ先出し法」ではなく、「先入れ後出し法」でないと作業時間がかかるようになり、平積み、高積みの長期的な保管は現場改善の大きな障壁となります。さらに仮置きが常態化してしまうこともあります。

検品効率を向上させるためには、広めのスペースの確保も大切です。狭いスペースでの検品は、数量間違えやアイテムの確認ミスが発生しやすくなります。作業スペースの照度も目視確認に負担がかからないように明るくする必要があります。

要点BOX

- 広い荷捌きスペースで入荷量の増減に対応
- スペースを細分化しすぎると混乱のリスクがある
- 平積み、高積みを可能な限り回避

入荷検品

原則として

作業スペースの十分な確保

**入荷スペース
検品スペース
格納・保管エリアの
明確化・細分化**

↓

ただし、仮置きスペースの増加に注意

注意

平積み、高積みの増加

先入れ先出しの困難

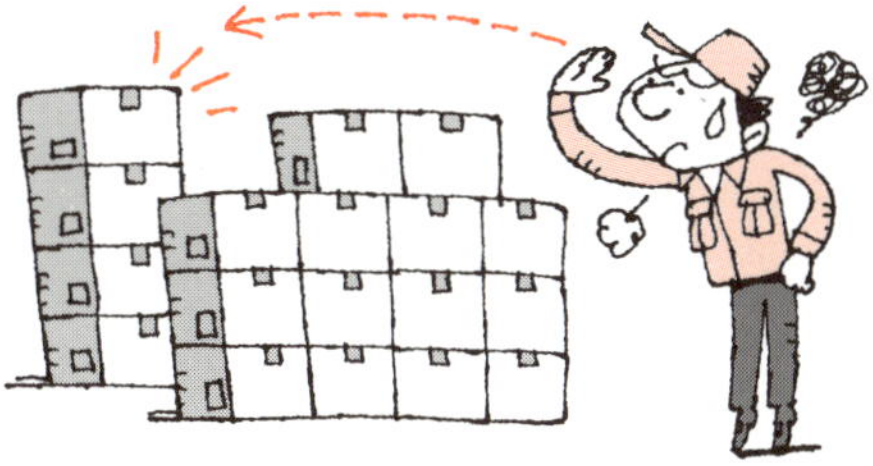

先入れ出しの
励行は必須
だね!

作業スペースは
十分に確保し、そのうえで
明確化、細分化しておきたい
けど、仮置きスペースが
増えすぎるのは
避けたいね

35 格納・保管の方針を徹底

固定ロケーションの機能・役割を定義

物流センターにおける保管の方針には大きく分けて2つの考え方があります。一つは、関連のアイテム群を集めて保管するという考え方です。パソコンならばパソコン本体を中心に、その周辺機器や関連する商品を並べていきます。分類ごとに並べられた図書館のロケーションをイメージするとわかりやすいでしょう。

　ただし関連アイテム群のなかには、よく売れるアイテムもまったく売れないアイテムも混在します。よく出ていくアイテムとそうでないアイテムが非常に類似している場合、出荷依頼にあわせてピッキングを行う際に、誤ピッキング、誤出荷の遠因にもなりかねません。

　確かに類似したアイテムが並んでいれば、作業者は「どこに何があるか」を類推しやすくなります。しかし、類推のしやすさとミスのしにくさは別です。物流の視点で考えれば、類似したアイテムがまとまっていることは必ずしもメリットにはなりません。

　そこでもう一つ考えられるのが、出荷頻度別のロケーションで保管することです。たとえば、出荷頻度の高いアイテムは出荷エリアの近くに保管し、逆に低頻度のアイテムは出荷エリアから離れたロケーションにまとめて格納するといった工夫を施します。出荷頻度の高いアイテムは見つけやすくしておき、すぐに作業に取り掛かれるようにします。もっとも、出荷頻度は季節や流行などの変化に左右されることが多くあります。したがって、出荷頻度のデータは定期的に見直し、それに合わせて倉庫内のロケーションを変更していく必要があります。出荷頻度を確認するには、ABC分析を実施するとよいでしょう。

　ただし出荷頻度別のロケーションでは、逆に関連アイテムを見つけにくくなる可能性もあります。取扱品目の物流特性を意識しながら、どちらの方法が適しているのかを見きわめ、格納・保管の方針を決めていく必要があります。また、出荷頻度については定期的に状況をチェックするようにします。

要点BOX

- ●関連アイテムで揃えるか、出荷頻度で揃えるか
- ●ABC分析で出荷頻度を見える化
- ●ロングテール在庫を欠品率から切り分け

ABC分析の活用（例）

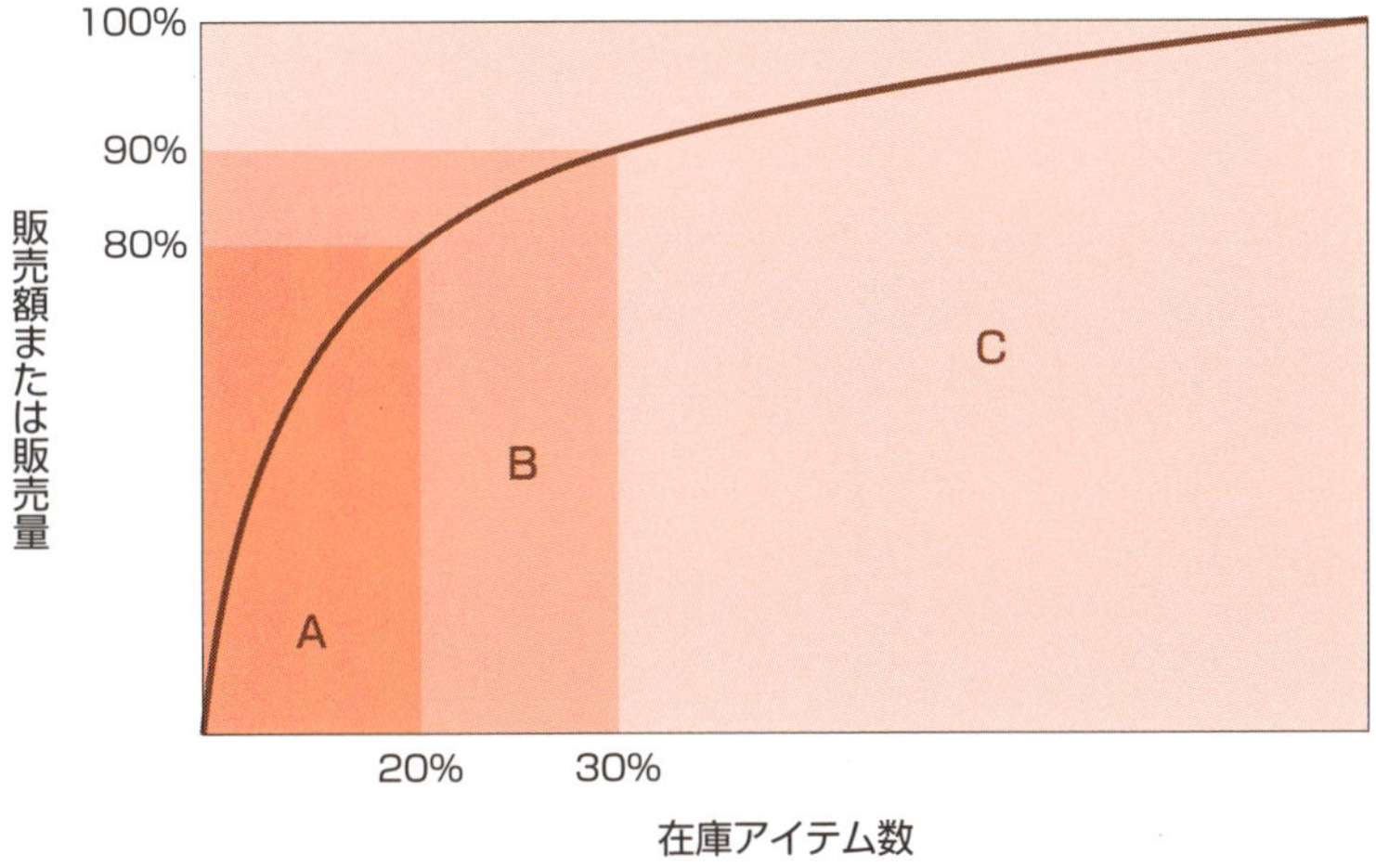

在庫管理の方針

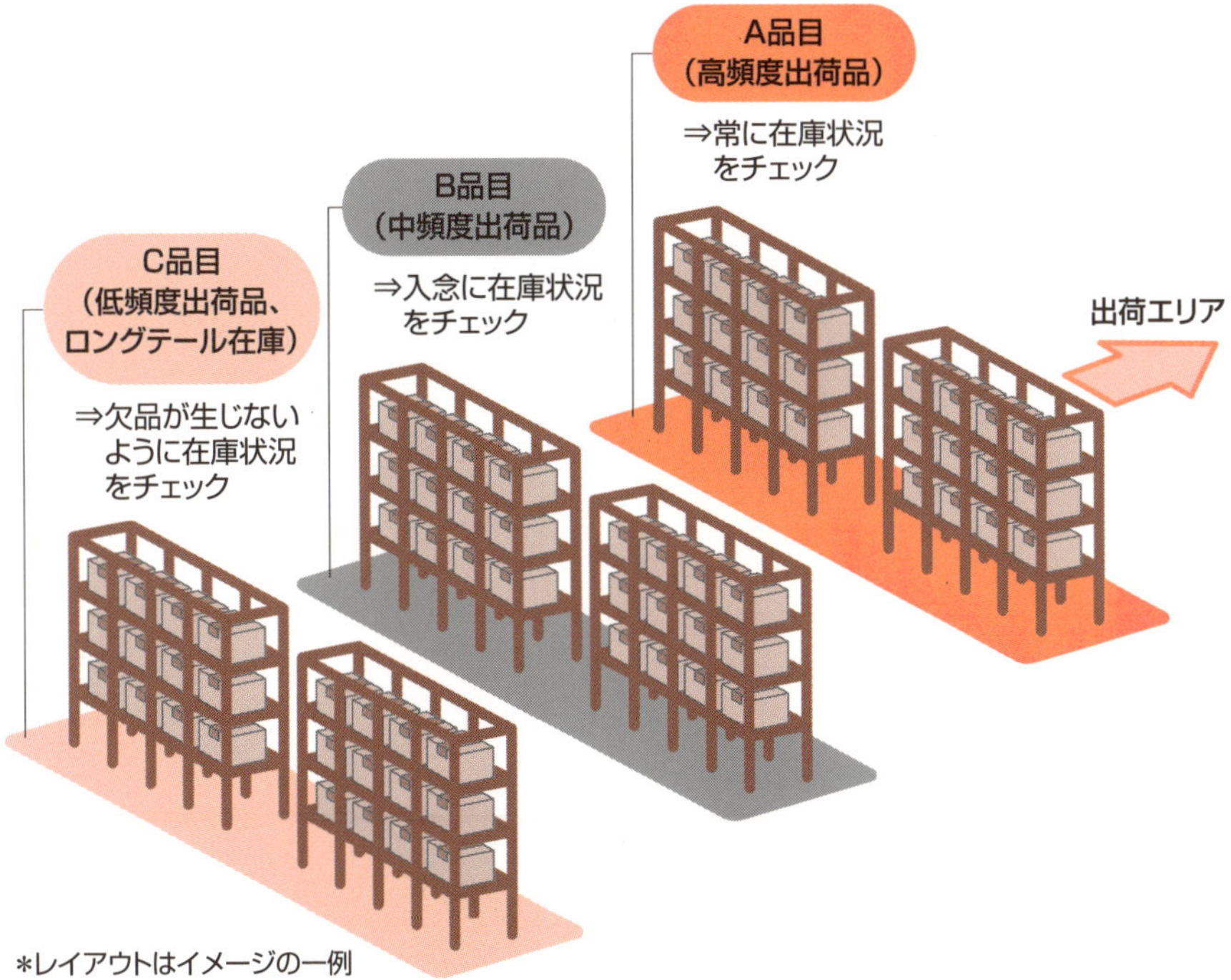

＊レイアウトはイメージの一例

36 仕分けスペースの見える化を実現

「何をどこに運ぶのか」をはっきりさせる

仕分け作業では重量物を運搬するケースも多く、体力面の負担が大きくなる傾向があります。手作業で扱うことも多く、作業者の腰などに大きな負担がかかります。繁忙期やピーク時には、作業者数や使用する台車を増やすことで作業者の負担を最小限に抑える工夫が必要です。

一般に工場での仕分け作業は、生産ラインから直接出荷先別などに仕分けされるパターンと、出荷指示を受けて保管・在庫エリアからピッキング作業を経て仕分けされるパターンのいずれかになります。綿密な生産計画とリンクして前工程が管理され、発生する物量が平準化されていると、仕分け作業自体もスムーズに進みます。

仕分けに締め切り時間を設けるのも一策です。たとえば、午後の出荷に向けて仕分け作業を行っている段階で、生産ラインの都合で次から次へと出荷品が送られてくれば、仕分けエリアに品物があふれ返ることになります。仕分け受付の締め切り時間を決めることで作業量を抑えられます。

近年では、ネット通販（EC）の拡大で同梱・同送の扱いが課題になっている現場も増えています。「出荷効率を上げるために取引先への複数のアイテム（機器本体と付属部品など）を同梱して出荷したくても、どのアイテムが同梱・同送品となるかがわからない」といった悩みを抱えています。しかもピッキングを関連アイテム群ごとに行っているので、同梱・同送が必要かどうか判断できないという現場も増えています。同梱、同送するためピッキング後にあらためて同梱向けに仕分けを行うことになれば、作業効率も悪化します。

同梱を実践しやすくするために、ピッキングロットを出荷方面別から出荷方面別や顧客別に変更する必要があります。受注処理などの時点で、各アイテムの仕分け配置と同梱・同送の指示を行います。また、出荷検品の際も確認するようにします。

要点BOX

- ●繁忙期は台車や作業者の数を増やす
- ●締め切り時間を導入して作業効率を向上
- ●方面別、店舗別の仕分けを徹底

仕分けの見える化を実践

生産

工場

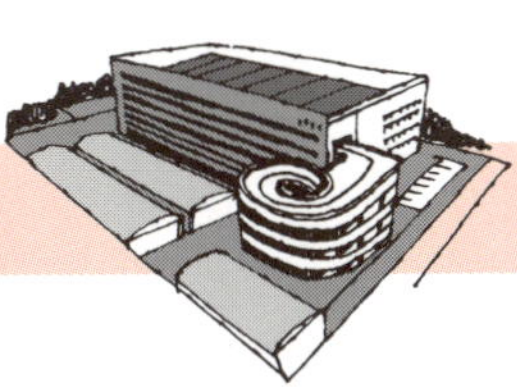

在庫

生産ライン

- 生産された部品・製品の後工程として、物量を平準化したうえで順番に仕分け作業を行う
- バッチ(まとめ)処理とするかリアルタイム(都度)処理とするかは出荷量、作業者数などから判断

部品・製品在庫エリア

- 出荷指示にあわせて在庫エリアから商品を取り出して出荷先別に仕分け(出荷先が多くアイテム数が少ない場合)
- バッチ単位を決めて、出荷先企業別に仕分けを行う
- 複数回の仕分けの締め切り時間を設定し、締め切り時間を過ぎた場合には次の締め切り時間に回す
- 仕分け先数が仕分け間口数を超えないようにバッチ切りを行う

仕分け作業

【仕分け締め切り】
1回目:午前○○時
2回目:午後△△時
3回目:午後□□時

綿密に生産計画を立て、物量を平準化したうえで、バッチ処理かリアルタイム処理の仕分けにするかを判断しよう

仕分けはバッチ単位で締め切り時間を守り、仕分けスペースがいっぱいになれば次の締め切り時間の枠に回そう

37 仕分け手順の標準化

作業者ごとに異なる手順を統一

仕分け作業の改善は、たんに仕分け自体の方法を工夫するだけではありません。仕分けエリアに至るまでの運搬の動線を工夫することも、改善の視点に組み込む必要があります。保管エリアからの台車による庫内運搬作業には時間がかかり、後作業の手待ちや荷待ちが生じることが少なくありません。

庫内の運搬に至る動線を考える場合、仕分け作業者のよって段取りが異なるケースが多いようです。作業待ちスペースや作業動線についてのルール作りが行われていません。工場で生産ラインから仕分けに至る動線がバラバラになるのは、生産量や出荷量に大きなピークやバラつきがあるために、バッチ処理を行っているからだと考えられます。バッチ処理に対する正しい対応がわからず、作業が混乱してしまいます。出荷方面別の仕分け間口が足りなくなったり、出荷スペースに荷物があふれたりしている可能性が高いと考えられます。

対策として、仕分け作業の手順の統一、標準化を行うことが必須です。作業中の細かな手待ちを少なくするために、作業速度の標準となる目安を設定する必要もあります。熟練者と初心者の分担割・作業区分などを細かく決めます。また、仕分け待ちから仕分け間口・スペースまでの動線を単純化することでその負担を最小限に押さえます。

KPIとして、生産計画から出荷先別仕分け件数(総取扱数÷出荷先数×100)を把握し、作業者数、作業時間、標準工数(実績量÷単位当たり標準時間)を設定します。また、誤仕分け率(総仕分け数÷誤仕分け数×100)も目標値を定めて最小化するようにします。

仕分けエリアでは手作業が多くなる可能性もあり、作業者の腰などに大きな負担がかかることがあります。繁忙期やピーク時には作業者数や台車数を増やし、作業者の負担を最小限に抑える工夫も必要です。

要点BOX

- 出荷先件数、標準作業時間などを把握
- 仕分け件数や誤仕分け率などを数値化する
- 台車運搬のルールを明示

仕分け作業の種類と特徴

仕分け作業

送り先情報などがある品物を、その品物の形状、寸法、重量、目的、納入先、注文別、顧客別など、それぞれの情報に基づき、決められた位置にまとめる

出荷依頼を受け、ピッキング作業、梱包作業を経て、納入先別などに仕分けされる

- **手仕分け**
- **ソーター仕分け**

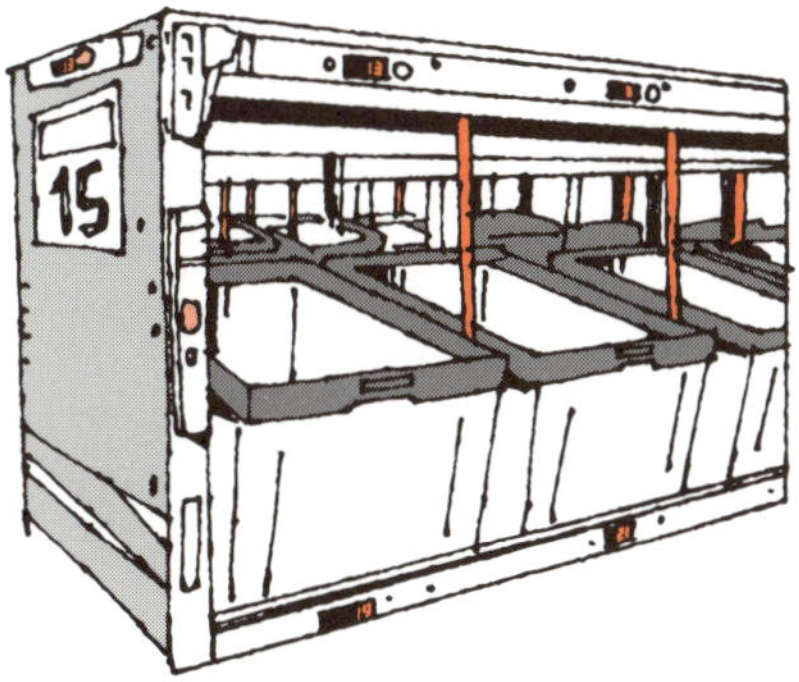

DAS（デジタルアソートシステム）

※仕分け棚の表示器が点灯したパネルに表示される個数の貨物を作業者が仕分けをする

手仕分け

長所	●小ロットの場合に、効率が上がるケースがある
短所	▲誤出荷のリスクが比較的高い ▲大ロットの仕分けに時間がかかる

ソーター仕分け

長所	●出荷先ごとの仕分け作業を細かく行う場合に用いる ●仕分けリストを確認する手間が省ける
短所	▲小ロットの仕分けに向かない

38 ピッキング作業の動線の最適化

複雑な流れを可能な限り単純化

ピッキング作業に問題のある現場では、「通路内に作業者、カートなどがあり、前方の作業者を回避するために別経路を探す」といった事態がしばしば発生しています。その結果、作業者の歩行距離が増えて動線が重なり、作業の手待ち時間が長くなります。同一の商品を大量にピッキングする場合、作業者の動線は中断され、台車の動きがしばしば止まってしまいます。また、ピッキングするアイテムによっては作業エリアをまたいで移動する必要もあり、これが効率を下げています。そして、ピッキングエリアや通路内に作業者、カートが集中しており、他の作業者を避けるために遠回りしたり、動線がぶつかるために動けず待ち時間が発生してしまったりします。

また、ピッキング作業の能力に個人差が大きいという問題もあります。熟練者は早く作業が終わる一方、非熟練者はピッキング作業自体にも時間がかかり、誤ピッキングが多くなっています。さらにピッキング作業動線が長く、作業者が右往左往する余分な動きが目立ちます。作業がきちんとできないと慌てるあまり、物品が破損・汚損することもあります。

ピッキング作業をスムーズに行える環境にするため、ピッキングの動線を最短とし、作業動線を一定にする工夫が必要です。作業通路は一方通行とし、一筆書きになるようなルートを組むと、効率的なピッキングが可能になります。通路幅はピッキングカートを使っても十分に作業できる広さを確保し、出荷頻度の高い物品をエリア手前に集めてピッキング時間を短縮する改善を行います。また、ピッキングリストの配布から、物品のピッキングカートへの格納、配送伝票の貼付、出荷エリアへの運搬までを決められた手順で正確かつ迅速に行えるようなしくみ作りを考えます。

ピッキング作業の効率はエリアのレイアウトや導線に大きく左右されることが少なくありません。作業導線を常に念頭に置くようにしましょう。

要点BOX

- ●作業動線が整理されていないと効率が低下
- ●一筆書き状に作業方向を整理
- ●物流特性に応じたレイアウトの再構築

ピッキングの動線の整理

ピッキングによる渋滞・手待ち時間の発生

①ピッキングのための動線が長い
②作業者によって動線が一定していない
③リザーブ（ストックエリア）からの商品補充に時間がかかる

ピッキング通路の標準化で対応

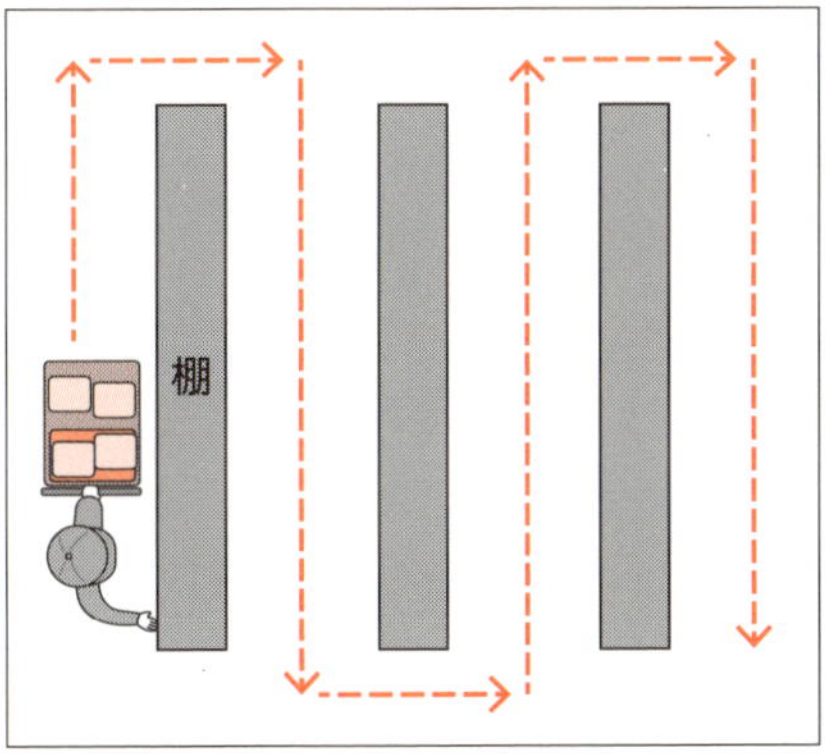

一筆書き状のピッキング通路

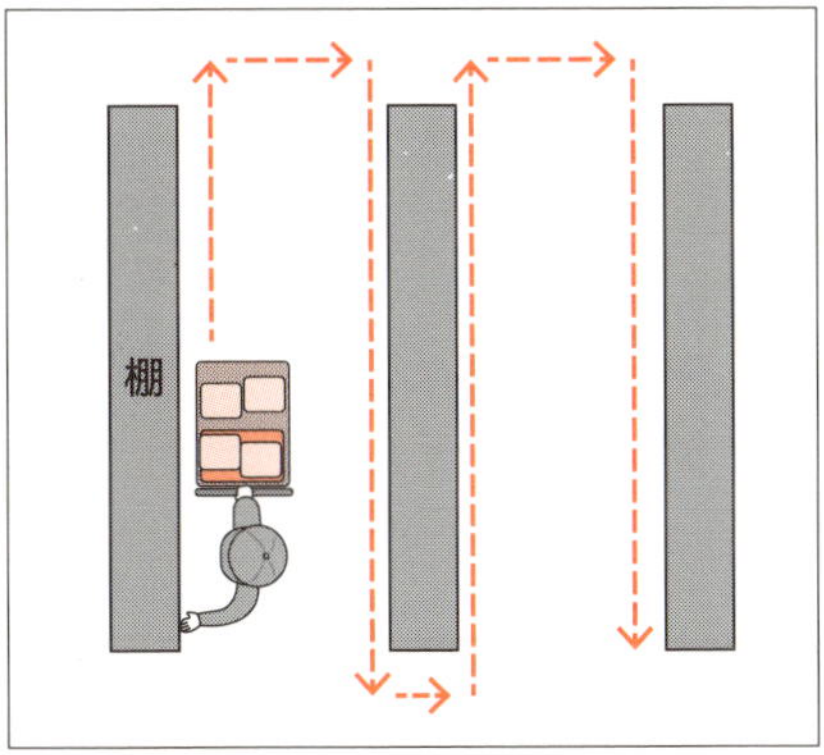

U字歩行のピッキング通路

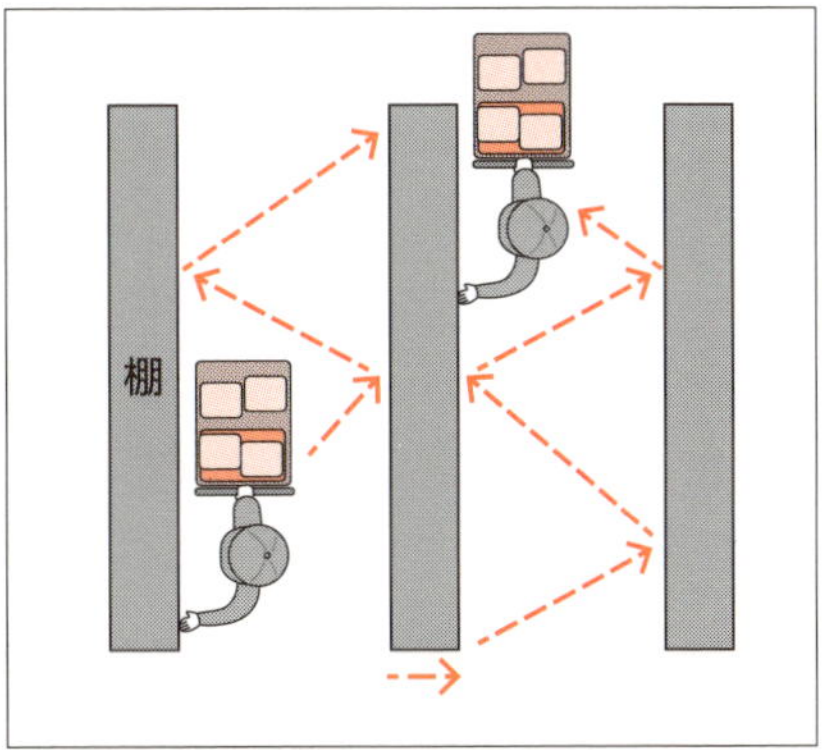

Z字歩行のピッキング通路

39 ピッキング作業の現状分析

聞かせない、考えさせない現場の創出

現場改善の視点から見た、ピッキングの効率化に不可欠な、作業者の「7ない」というセオリーがあります。「7ない」とは、「待たせない、歩かせない、持たせない、考えさせない、探させない、聞かせない、書かせない」です。

まず、作業プロセスを効率的にするためには作業者を待機させてはいけません。また、作業者を必要以上に歩かせてはいけません。荷物を持たずにただ庫内を歩くだけの「空歩行」や、荷物を運ぶことなく台車、カートなどを庫内で動かす空運搬が発生している現場には問題があります。逆に、必要以上の物品や工具、ハンディターミナルなどを持っていることも不自然であり、作業効率を悪化させます。作業者が持つのは、必要最低限のものだけにします。

「次にどんな作業をすればいいんだろう」と作業者が考えるのも困ります。作業手順は標準化、ルール化されており、作業者は考えることなく、一連のプロセスをこなすことができるのが理想です。「どこに何があるのだろうか」と探しまわったりする状況や、どこに何があるのかを他の作業者に聞かなければわからないといった状況もあってはいけません。誰かに聞いたり考えたりしなくても、作業手順がわかるように工夫された現場であることが望まれます。作業手順などをメモ書きして覚える、必要事項を書き込むといった手間が作業中に発生することもないほうが望ましいのです。パネルなどで示すことで、作業の手順が見てすぐにわかる現場が理想です。

ピッキングにあたって、作業者は最短の動線と効率的なレイアウトのもとで、「次はこうする」という手順が庫内の適切な場所に示されている必要があります。「7ない」という基準がすべてクリアされているかを考えることで、ピッキング作業の改善余地があるかどうかがわかります。「7ない」の確認のためのチェックリストも作成しておくと良いでしょう。

要点BOX

- 「7ない」は改善箇所を見つけるためのセオリー
- すぐ見てわかる見える化を徹底
- 歩行距離の最短化を実現

ピッキング作業の「7ない」

待たせない

ピッキング通路に渋滞が発生し、手待ち、待機が多発する状況を避ける

歩かせない

ピッキング通路の動線が必要以上に長くなり、作業者の歩行量が増えないようにする

持たせない

ピッキング作業にあたって、ピッキングリスト、スキャナーなどのほかに余計な持ち物がないようにする

考えさない

「次は何をするのだろうか」といった疑問を作業者に抱かせず、スムーズに作業ができる環境にする

探させない

ピッキングの際などに作業者にものを探させないようにする

聞かせない

作業者が自分の作業について頻繁に質問する必要をなくす

書かせない

作業者が複雑なメモ書きなどをする必要をなくす

ピッキング作業評価の指標の例

誤ピッキング率(%)=ピッキングミス行数÷ピッキング総行数×100

ピッキング効率(%)=ピッキング総行数÷人時×100

- 誤ピッキング率が低ければ、納品ミス、納品遅れも少ないことがわかる
- 0.005%以下が目安。少なくとも、0.01%以下に抑えたい。逆に0.05%を超える場合、早急に対策を立てる必要がある。

40 ピッキング手順の標準化

手作業から機械化への切り替えで効率化

ピッキングの標準化は、まず手順書の作成から始まります。

物流センターで採用されるピッキングシステムは、出荷先ごとにアイテムを保管場所から集めるオーダーピッキング（摘み取り式）と、複数の種類の商品をまとめてピッキングして、後で配送先ごとに仕分けを行うバッチピッキング（種まき式）に大別されます。種まき式は工場で採用されることが多く、出荷数が少なく二重チェックが必要な在庫管理などに優れています。また、ストック型のディストリビューションセンター（DC）向けなどには摘み取り式対応のデジタルピッキングシステム（DPS）が洗練化、高度化を遂げています。

種まき式では作業者にピッキングリスト（製品名、製品コード、棚ロケーション番号、ピッキング行数など）が配布されます。出荷依頼・ピッキングリストに基づき、保管・在庫エリアのラックなどから該当するアイテムを取り出します。さらにピッキングした物品をピッキングカートに格納し、ピッキングリストに確認チェックを入れます。そして出荷エリアに運搬し、配送伝票を貼付します。

ピッキングの手順自体は難しくありませんが、ミスが発生しないように手順書や動画のインストラクションを徹底しておく必要があります。ピッキングリストの印字は大きく見やすくしておくとよいでしょう。

熟練作業者が不足すれば、ピッキングリストの読み取りミスが懸念されます。しかし、DPSが導入されている摘み取り式の場合は、バーコード管理を行っている貨物が保管されている棚にデジタル表示のランプが設置され、ピッキングが必要な棚のランプが点滅して作業者に知らせます。作業者はランプ指示にしたがい、表示された数量をピッキングすればよいのです。ランプが点滅することで、ピッキングの誤りを可能な限り回避できます。取抜数量が多い場合は作業効率の向上のためにDPSが効果を発揮します。

要点BOX

- ●摘み取り式と種まき式の2種類のスタイル
- ●手順書の上手な活用で作業ミスを防止
- ●ランプの点滅指示で不正確なピッキングを回避

ピッキング作業

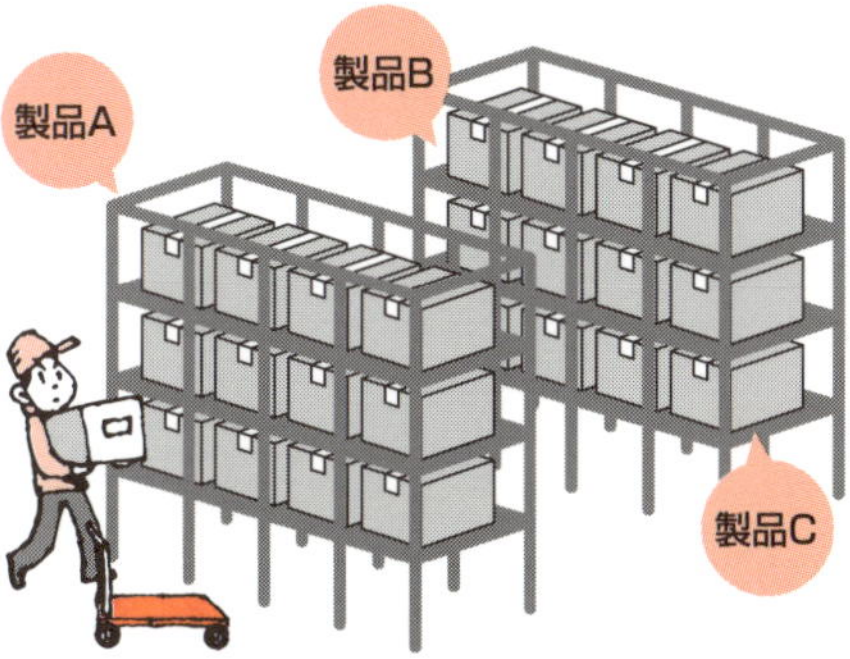

摘み取り式

ひとつの出荷先の製品を集める

種まき式

商品を出荷先ごとに振り分ける

作業の効率化

ピッキング作業

- ピッキングリストを発行し、リストを見ながら作業
- 人海戦術であるため、ピッキングリストの読み取りミスが発生するリスク

↓ 労働集約的作業
人手不足の影響大

作業手順書の作成
動画を活用したインストラクション
DPSの導入

ピッキングミス、不正確な庫内作業、人手不足、作業時間不足などの解消

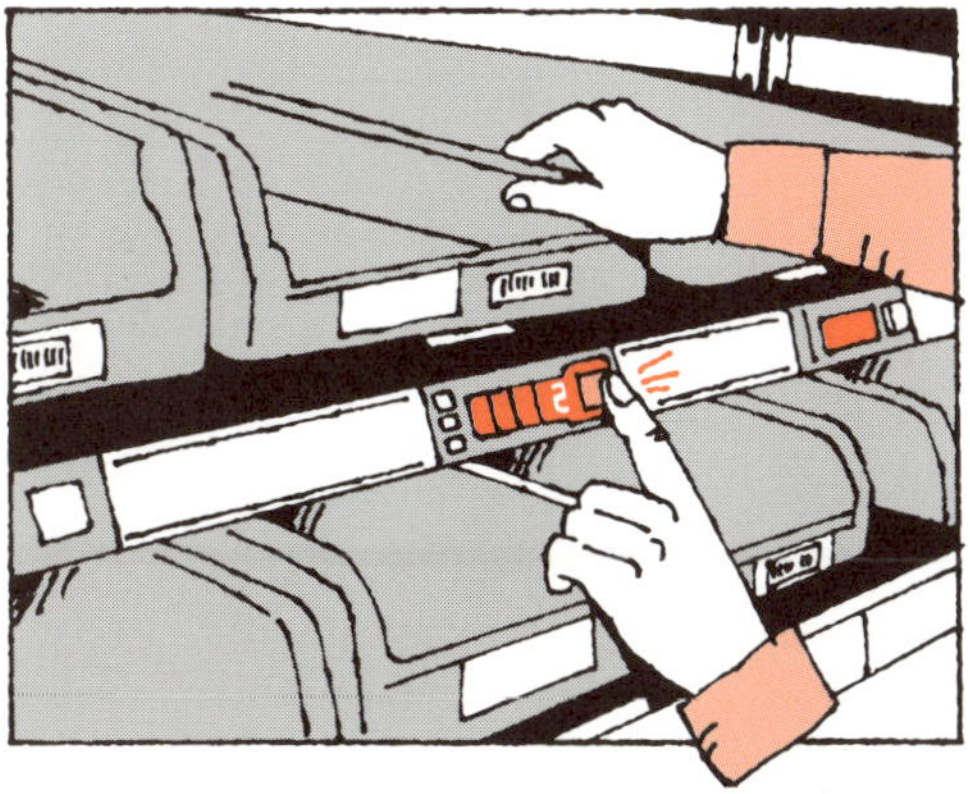

DPS

アイテムごとに指定の個数がデジタルで表示され、その個数をピッキング

41 色別管理の導入で作業効率を向上

関連商品、類似品を的確に区別

ピッキングにおいてアイテムや数量の間違いがなく、仕分けにおいて方面や納品先が正しくても、出荷ミスにあたるケースが存在します。それは納品日の間違いです。

たとえばある物流現場では、アイテムの出荷に当日出荷、翌日出荷の2通りの出荷指示を出さなければならないケースがありました。伝票は出力順に処理していくため、伝票の情報を読み落としてしまうことも少なくありません。その結果、当日出荷のアイテムが翌日出荷になり、逆に翌日出荷のアイテムが当日出荷になるという具合に混乱するミスが多発していました。加えて、当日出荷分がどれくらいあり、作業の進捗度合が把握しにくい状況でした。

そこで、現場改善として、色分けしたクリアファイルを使用することで、目で見て出荷日がわかるようにしました。伝票を入れているファイルの色を見ることで、当日出荷、翌日出荷が一目でわかります。その結果、作業時間が短くなり、出荷日の間違いや見落としによる遅配も減少しました。色別管理を行うことで、紛らわしい設定でも視覚化し、混乱を避けることができます。ガソリンスタンドでレギュラー、ハイオク、ディーゼルのノズルがそれぞれ赤、黄、緑に色分けされていることで、誤って不適切な燃料を入れてしまうことが防止されているのと同じような考え方です。

店別の仕分けについても、「同一商品、類似商品が多く、混同によるミスが発生している」といったケースでは、色付きテープを活用して、色によって行先を管理した事例があります。また、トヨタ生産方式を採用している多くの工場などでは、問題なく順調なときは「青」、トラブルなどが発生したときは「赤」で進捗を表します。信号の色表示と同じにすることでわかりやすく、だれもが迅速に対応できるしくみ作りが出来上がっています。

要点BOX

- ●色別クリアファイルを上手に活用
- ●色付きテープで誤出荷を回避
- ●色の持つイメージを活かす

色別管理の導入と活用

物流現場の課題

紛らわしいアイテム、条件などをミスなく処理したい

↓ 紛らわしい違いの判断ミスにより、誤出荷などが発生

同一アイテムに複数の出荷条件

↓ 同一アイテムに当日出荷、翌日出荷、緊急出荷が存在

色別管理の導入

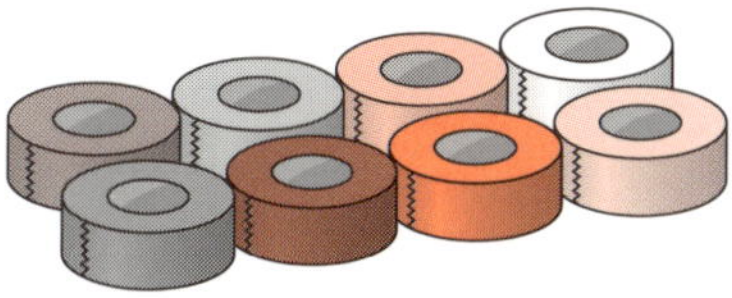

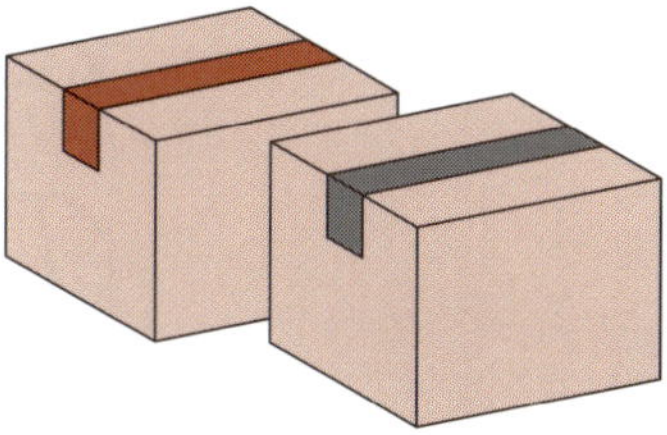

例
- 当日出荷▶黒
- 翌日出荷▶青
- 緊急出荷▶赤

ガムテープやクリアファイルの色を変えることで、一目で商品の発送日や発送先がわかる

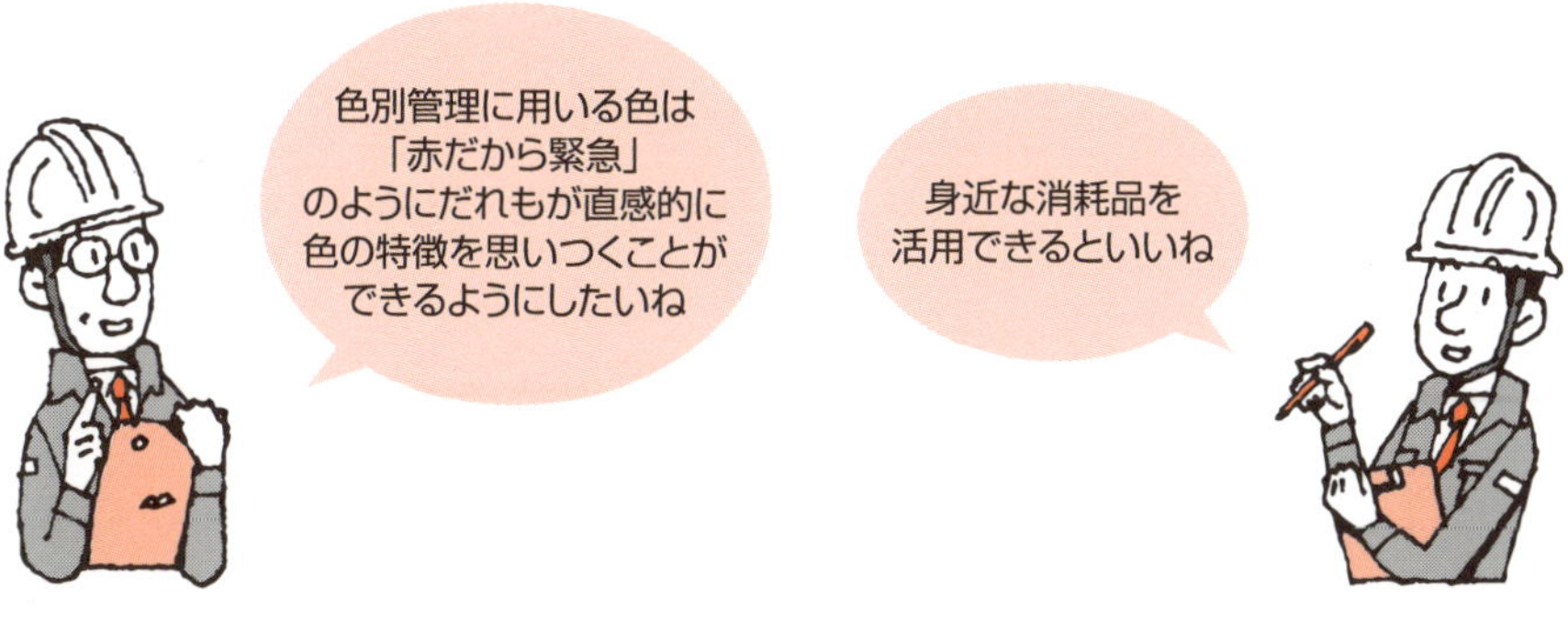
色別管理に用いる色は「赤だから緊急」のようにだれもが直感的に色の特徴を思いつくことができるようにしたいね
身近な消耗品を活用できるといいね

42 庫内運搬の動線の効率化を検討

台車の活用を戦略的に再構築

庫内運搬全般に不可欠なツールが台車です。パレット単位の積込み、積卸しの場合、入出荷に関わる荷捌きではフォークリフトが中心になりますが、入出庫、格納・保管についてはカート、かご車などとともに台車での運搬が行われます。フォークリフトでは運搬が難しい細い通路や細かく曲がっているような通路では、台車に頼らざるを得ません。

台車は、フォークリフトとは異なり、使用にあたって資格などは必要ありません。だれもが必要に応じて使用できます。比較的安価で手軽に入手できるため、物流現場では手軽に活用されています。それゆえに、保管場所にきちんと格納されずに放置されたり、紛失してしまったりすることも少なくありません。また手順書やガイドラインが定められていないこともあります。

このような台車の使い方を見直し、積載率、稼働率について気を配るほうが、ムダのないオペレーションの展開が容易になります。台車はよく使う運搬機器であるだけに、非効率な使い方をし続けていると、現場作業の妨げにもなります。仕分け作業で、台車による庫内運搬作業に時間がかかり、後作業の手待ちや荷待ちが増えてしまうこともあります。

そこで台車1台当たりの運搬時間のバラつきをなくすために、作業負荷のかからない通路環境を構築します。エレベータのドア前や入出荷バースなどは床面に損傷が発生しやすく、凸凹や溝などもできやすいので、通路環境が保たれているかを定期的に確認する必要があります。

台車の積載量についても注意する必要があります。とくに台車に全く荷物が載っていない空運搬は避けましょう。逆に、「もっと運べる」という理由から、一度に荷物を積みすぎるのも禁物です。1回の運搬における台車の荷物量と運搬にかかる所要時間が一定になるように調整します。

要点BOX

- ●安全・安心を念頭に現場管理を徹底
- ●台車の保管場所を定め、放置しない
- ●1回の運搬量と所要時間を一定にする

台車運搬のルール作りによる現場改善

改善前

荷物が高く、固定していない

改善後

- 平坦な経路を通行
- 過積載の回避
- 積載高は前方確認できる程度に人力による押し運搬
- 引っ張り運搬の禁止
- 適切な速度での運搬（目安として4km/時以下）
- 作業者の荷台搭乗は禁止
- 走行中のストッパー禁止

43 マテハン・DX導入の基本方針

プロジェクトとして運用までの道筋を明示

マテハン（マテリアルハンドリング）機器とは、工場や物流センターなどの物流業務の作業効率化を推進するために用いられる自動倉庫、DPS（デジタルピッキングシステム）、コンベヤシステムなどの総称です。「人手不足も機械化、自動化を推進することで一挙に改善できる」とも考えられます。これまでの手作業を、マテハン機器などの導入で自動化へと舵を切る必要があります。

ただし、下地のできていない物流現場への導入は逆効果になることもあります。たとえば、5Sができていない雑多な現場でWMSなどの情報システムを導入しようとしても、「どこに何がどれくらい保管されているのか」という基本的なことが分からなければ、コンピュータ在庫と実在庫を紐付けることはできません。そのような現場では、まず5Sを徹底することから始まります。

格納・保管における自動倉庫やピッキングにおけるDPSの導入なども、前後の作業工程と連動できていなければ、「保管しようにも検品が終わっていない」という状況になってしまいます。マテハンを導入した作業工程だけが浮き上がってしまってもうまくは行きません。

物流現場改善においては「マテハンを導入すればすぐに改善が実現する」という短絡的な考え方ではなく、「改善の方針と視点を定め、そこから目標を設定してマテハンを導入するべきかを検討する」という手順が必要です。マテハン導入後の成功イメージを、可能な限り具体的に作り上げることが重要になります。

さらにいえば、マテハン・DXの導入は「3年後の完全導入を目指す」というように、プロジェクト単位で推進していくことで効果が上がります。イニシャルコストも高額になります。ランニングコストだけを比較するのではなく、導入するのにも大きな出費があることを覚悟する必要があります。

要点BOX

- ●ハードウェアとソフトウェアの連携を重視
- ●現場で5Sが徹底されていることが前提
- ●成功イメージを可能な限り具体化

物流現場におけるマテハンの導入プロセス

マテハン・DXの導入の検討

↓

物流現場の最適化に対応

全体最適を念頭に置きながらのスモールスタート

↓

オペレーションの特性を分析

IoTデバイスやAIの導入効果を検証

- KPIの設定
- 現場の可視化
- マテハン・DXの導入効果の検証

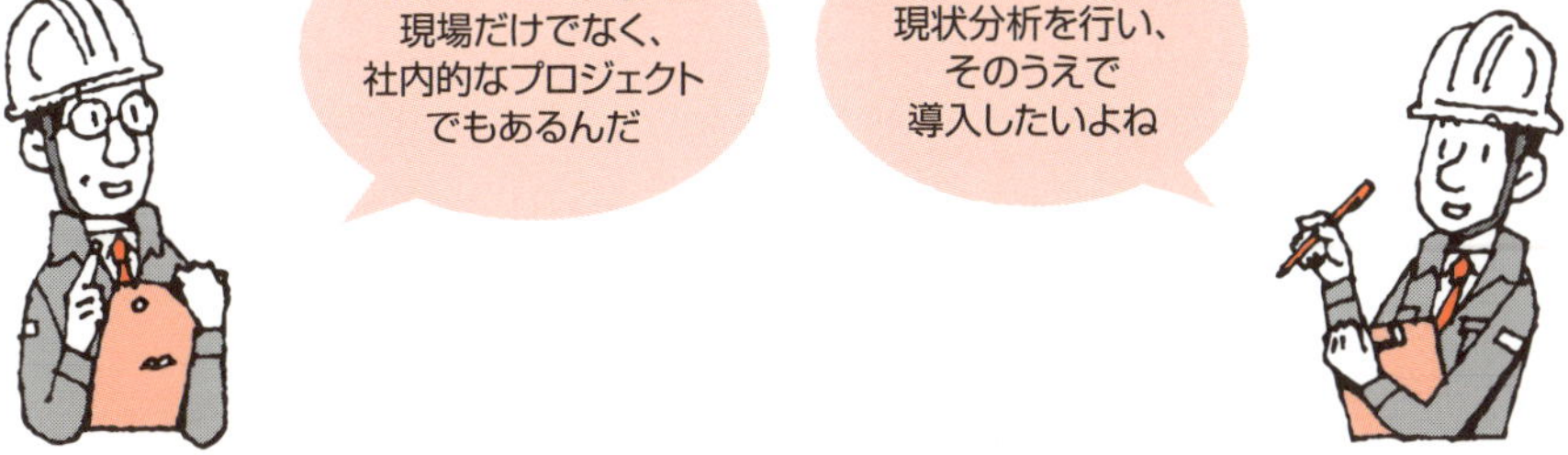

マテハン・DXの導入は現場だけでなく、社内的なプロジェクトでもあるんだ
導入前にしっかりと現状分析を行い、そのうえで導入したいよね

ITFコードの活用

物流DXを進めるにあたり、コード管理は重要なポイントになります。一般的には、物流管理を含む商品管理全般に使われるJANコード(日本の商品番号)、物流作業向けに特化されているITFコード(インターリーブド2of5:商品コード用統一規格用シンボル)、急速に普及が進むスピード感のあるQRコード(マトリックス型2次元コード)、RFIDタグ(非接触タグ)、さらには画像認識システムなどが物流情報の管理に使われることになります。

ITFコードは、主に段ボール箱などに印刷されて使われます。物流業務には店舗のレジなどでも読み取られるJANコードなども使われますが、ITFコードを用いることでさらに効率が上がる場合があります。

ITFコードを段ボール箱などに印刷しておくことで、「開梱して検品する」という作業の手間を省略できます。同一商品であっても段ボール箱などのケースに入っている場合と汚れ防止目的の透明フィルムなどでおおわれているシュリンク包装が施されている場合など、荷姿が異なることがありますが、ITFコードを用いることで区別が可能になります。生鮮食品のように、商品ごとに重量が異なる計量商品や、大型家電のように段ボール箱内の物品全体を一つの商品と認識する集合包装などにも対応できます。

ITFコードは開梱、検品にかかる作業時間を短縮できるほか、仕分け、棚卸・在庫管理などに活用されることもあります。スピーディな物流システムの構築に威力を発揮します。

123 45678 12345 6

(※数字はイメージです)

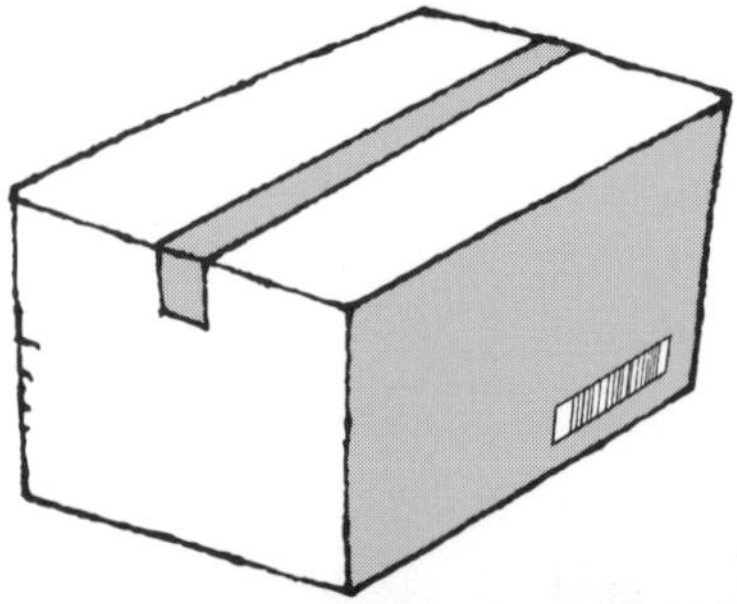

第6章

包装・梱包・荷姿の改善ってどうするの?

44 パレットの活用における課題を解消

自動倉庫の保管で発生する歪みに対応

パレットの取扱いのポイントは、輸送時と保管時に分けて考えられます。

パレット輸送については、工場、物流センターでトラックの荷台へ積付ける作業が重要なポイントになります。積付けにあたっては、荷台の広さとパレットのサイズの関係を正確に把握しておく必要があります。たとえば10トントラックの荷台には、通称「イチイチパレット」（長さ１１００㎜×幅１１００㎜）を16枚積込むことが可能になります。

工場の自動倉庫にパレット単位で保管されているアイテムをパレットに乗せて出荷する場合、自動倉庫からの出庫、仕分けエリアへの運搬、トラックへの積込みまでの一連の手順はフォークリフトを活用し、手作業なしで行うことができます。また、トラックが納品先の物流センターなどに到着してからも納品先の自動倉庫への入庫、格納に至るまで、フォークリフトを活用することができます。

パレット保管について、物流センターなどの自動倉庫でとくに注意したいのはパレットのたわみです。自動倉庫に保管する際、保管期間が長くなれば、積載されているアイテムの重みで、パレットはわずかながら下方にたわみます。たわみが発生したままの状態だと、納品先の自動倉庫に格納しようとする場合にパレット荷が格納できないという事態が発生します。入荷先と出荷先で同じ製造元の自動倉庫を利用している場合、たわみが発生していても格納できますが、製造元が異なればたわみ方が異なるため格納できません。その場合、自動倉庫から出庫した際にパレット荷を崩して、ケース単位、あるいはピース単位への出荷に切り替える必要が出てきます。

近年は自動倉庫のたわみを最小限に抑えるタイプのパレットも登場しています。パレットをうまく活用するには、物流特性に応じたパレットの取扱いに関する知識も求められるのです。

要点BOX

●パレットのサイズ別の特性を理解
●工場から物流センターまでパレットで管理
●積荷の荷重によるパレットのたわみに注意

パレットのたわみの回避

改善前

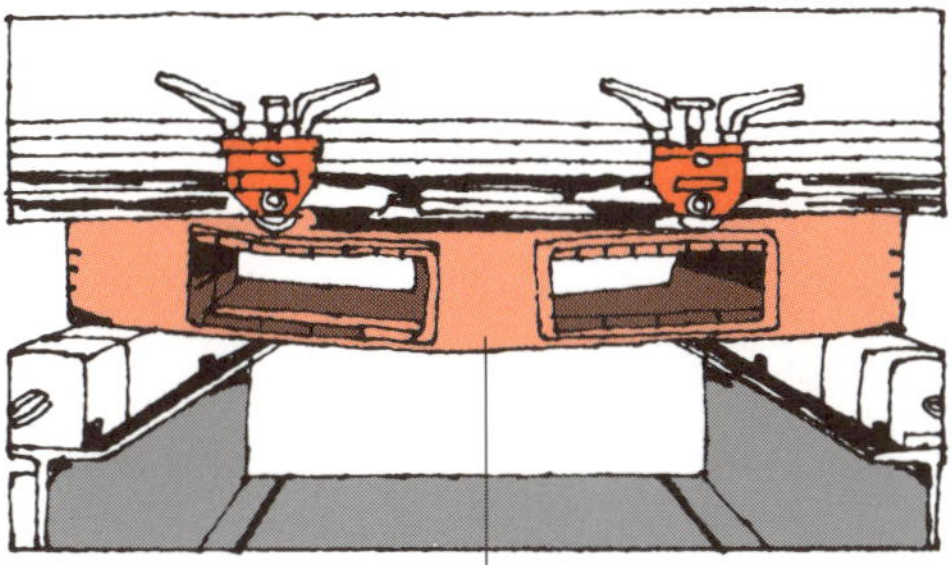

パレットのたわみ

パレットの荷崩れや
たわみなど、
自動倉庫内での
パレットのトラブルが
多いな

改善後

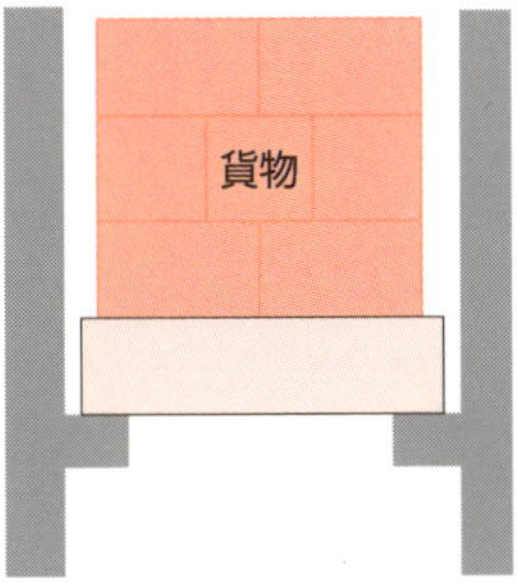
貨物

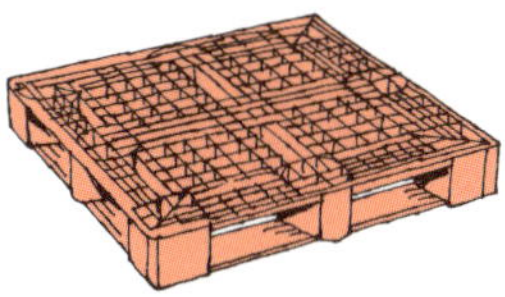

二方差し平パレット

ドライブインラック

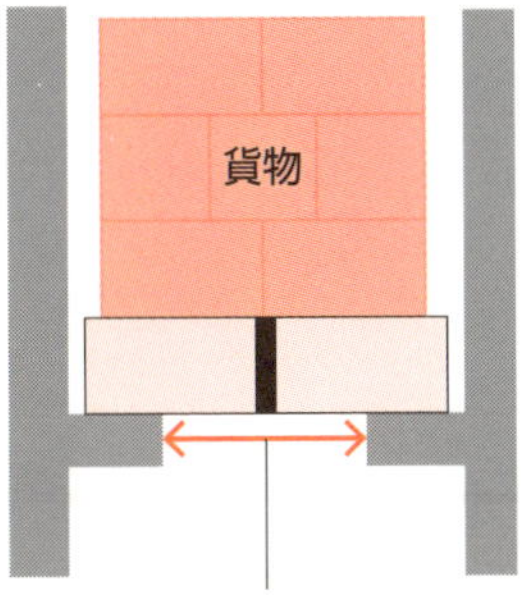
貨物

スパンを調整して
たわみ量を管理

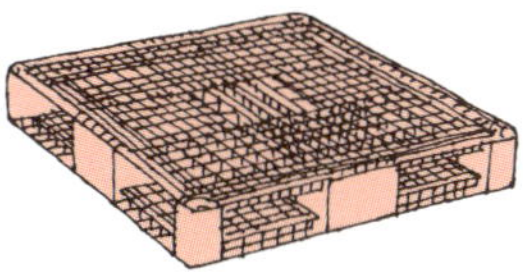

四方差し平パレット

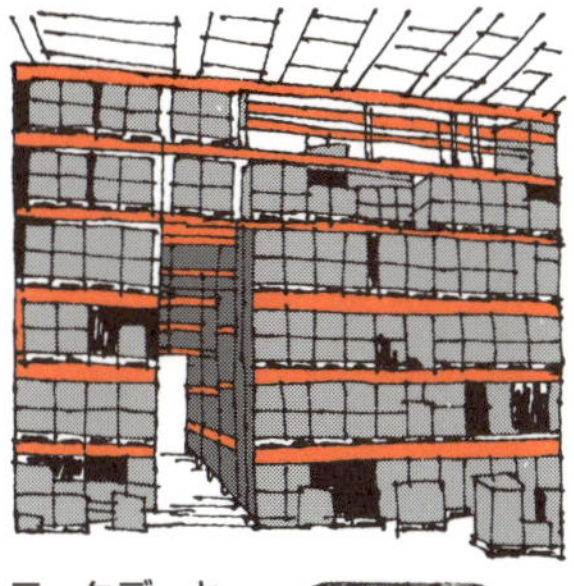

ラックデッキ

45 情報管理の徹底で作業効率を向上

スマートパレットの導入で入出荷検品を自動化

物流現場におけるパレットの紛失率は10%を超えるといわれています。パレットはフォークリフトと連動させて使うとその威力を発揮しますが、使用後のパレットの保管や返却がなおざりにされることが少なくありません。実際に、パレットの紛失は物流現場の大きな課題となっています。パレットの紛失が目立つ物流現場は多くあり、利用後のパレットを共同回収、共同利用するしくみをより強力に進める必要があります。

そこでＲＦＩＤタグなどの通信システムにより、パレットの位置や挙動を管理する仕組みの構築が進んでいます。パレットに自ら電波を発信するアクティブＲＦＩＤタグを装着し、通信をする無線リーダーを物流センターなどに設置します。これによって、物流センターでは、パレットの位置が把握できるようになります。物流センター内で格納・保管される際には、庫内の固定ラックの位置とパレット荷の紐付けにもＲＦＩＤタグが使われるようになってきています。

さらにフォークリフトと連携することにより、パレット平置き貨物の位置管理にも応用できます。フォークリフトにリピーターを搭載しておけば、平置き荷物を捌くときにリピーターとパレットが通信し、パレットの位置情報を把握できます。車両やパレットのリアルタイムでの追跡が可能になり、移動中のパレットの紛失や誤配送リスクが軽減されます。

必要に応じて、トラックドライバーがパレットの枚数や寸法を目視確認することがありますが、枚数誤認が紛失などに影響するケースもあります。こうした数え間違いを防ぐために、レンタルパレット大手のユーピーアール社が開発した「パレットファインダー®」を活用すれば、積み重ねたパレットの枚数などを瞬時に把握できます。画像処理技術を物流現場に活用することで、これまで目視中心だった現場の確認作業が一変する可能性があります。レンタルパレットを活用した情報武装が可能になります。

要点BOX

- ●利用後のパレットの紛失が現場の課題に
- ●庫内の貨物位置を正確に把握できる
- ●高いパレット紛失率をRFIDで解決

パレット管理のポイント

空パレットの保管

- 片寄り積みをしない
- 傾斜面などに平置き保管しない
- 壁面などに立て掛けない
- 火気に隣接した保管の回避

空パレットの目視確認

- 汚れの付着、ひび割れ、著しい変形などを伴う破損がないかをチェック

空パレットの取り扱い

- 作業用手袋などの使用
- 濡れ手での運搬、取り扱いの注意

空パレットの管理

- 引きずり運搬の禁止
- パレットへの不要な書き込み、紙・シールなどの貼付の禁止
- 場所をRFIDで管理

46 段ボール箱の特性を理解して効率化を実現

輸送包装の役割を十分に理解

物流現場改善を行ううえで、容器、包装の視点からの工夫は効果的であるケースが多く、検討に値します。容器、包装の視点から、トラックの荷台、パレットへの積付けなどを最適化することで積載率の向上につながり、ラックなどでの保管効率も改善できます。

なかでも、段ボール箱は輸送包装における中心的な役割を担います。ケース単位のコンベヤ搬送やかご車運搬などでも、パレットへ積付けるものの基本単位としても、段ボール箱は不可欠です。段ボール箱を工夫することで、積載率と保管効率を両方とも向上させられます。

まず、着手したいのが段ボール箱の大きさの統一です。大きさが不ぞろいであれば、トラックの荷台や固定ラックにどれくらいの段ボール箱が積載、保管できるのか計算するのがたいへんになります。段ボール箱のサイズをそろえることで、トラックの車格や固定ラックの大きさが容易に計算できます。

段ボールのサイズを計算するときには、「才」という単位を用います。「才」は尺貫法の単位ですが物流との相性がよく、「才」を基本としておくと物流容器の単位の計算がしやすくなります。段ボール1才の容積は０．０２７８㎥です。また、才を重量に換算した場合は1才＝８kgとみなします。すなわち1㎥の場合は、35才＝２８０kgと表現できます。これによって、たとえば「2トントラックには荷役効率を考えると約６００才が積載できる」など、トラックの容量を表す目安に利用できます。

物流センターの現場で、段ボール箱にそれぞれ「1才」「2才」「3才」と表示されている箱が置かれているとします。作業者はそれぞれの段ボールの数を合計するだけで、「これならば2トントラックで十分だろう」「4トントラックが必要になるはずだ」といった想定が容易にできるようになります。

要点BOX

- ●包装・容器の視点から物流プロセスを見える化
- ●物流容器のサイズを「才」に統一
- ●必要なトラックの容量を簡単に推定できる

物流工程における段ボールの取扱い注意項目

荷役
荷積み、荷卸し、積替えなど、手荷役が多いほど段ボール箱は傷みやすい。手荷役の頻度を考慮して段ボールの強度を標準化する

輸送
トラックの積載効率を上げるために、強度の高い段ボール箱を選択する場合がある

保管
庫内保管で平積み、高積みが多いならば、強度に合わせて「才」で単位を統一した段ボールを使う
庫内で高温多湿状態が続けば、段ボール箱が劣化する。保管時期や長さも段ボール選択の基準となる

積み付け
段ボールを投げ落とすと、段(フルート)がつぶれることがあり、劣化が早まる。大きい段ボール箱が下に、小さい段ボール箱が上になるように積む。同サイズの場合は隅が重なるように積み付ける

1才

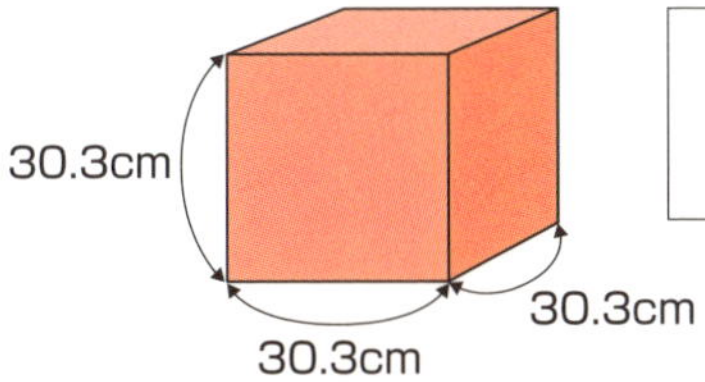
30.3cm
30.3cm
30.3cm

1才=0.0278m^3=8kg
1m^3=35才=280(kg)(容積換算重量)

4トントラックならば約700～800才の積載が目安
(積載率70～80%の前提)
※ただしトラックの最大積載量以内に重量を抑える必要がある

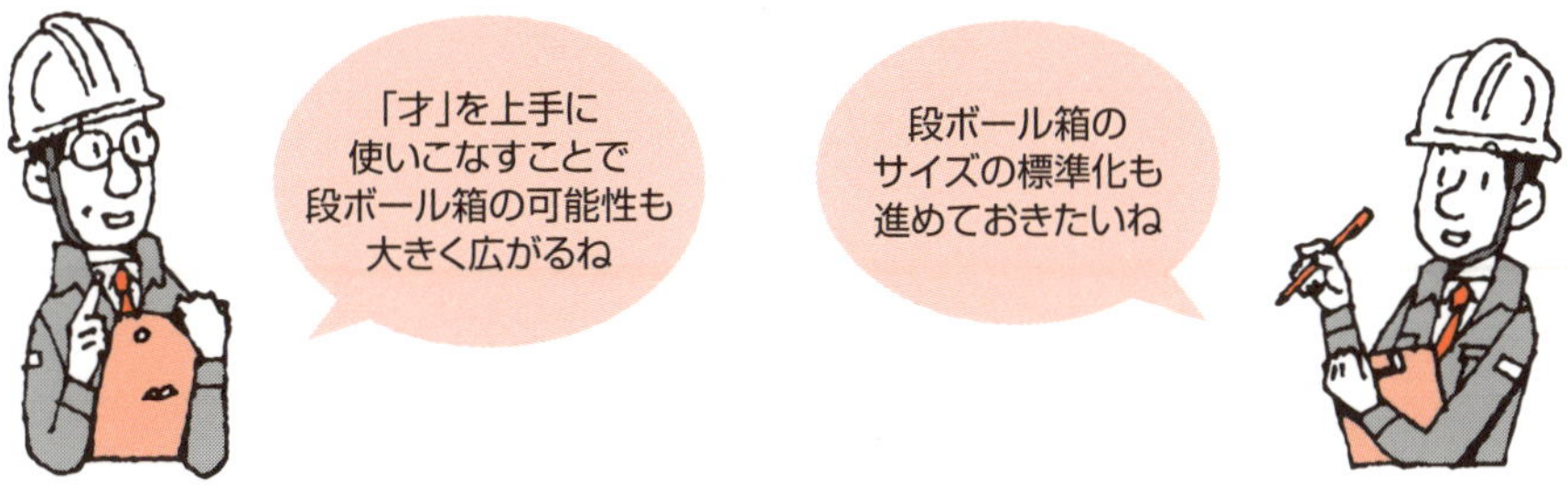
「才」を上手に
使いこなすことで
段ボール箱の可能性も
大きく広がるね
段ボール箱の
サイズの標準化も
進めておきたいね

47 物流容器の戦略的な活用を実践

強化段ボール箱の多機能性に着目

通常の段ボール箱は原則としてワンウェイで使い捨てすることが想定されています。そのため、中に入れるものによっては段ボールでは十分な強度を確保できないことがあります。たとえば、生鮮食品の輸送包装の場合、通常の段ボール箱を使うと、湿気や水分を段ボールが吸収し、強度が落ちることがあります。このような場合は、防水機能を備えた強化段ボールに切り替えることで問題を回避できます。

また、重量物、長尺物、精密機器などの輸送包装には木箱が用いられることが多くあります。木箱の場合、梱包に独自のノウハウが必要なうえに、開梱も容易ではなく、コストも高くなります。しかし、木箱から通常の段ボール箱に切り替えたくても、木箱で運ぶような品は湿気や水分に弱く、破損しやすいなどの問題点があり、段ボールで梱包するには適していません。こうした場合でも、強化段ボール箱ならば、段ボール部分の内側が緩衝材の機能を発揮して内容物のダメージを妨げます。しかも、木箱と比較して軽く、運搬、荷役作業の負担を軽減することもできます。強化段ボールであれば、1回かぎりの使い捨てではなく、通い箱としても活用できます。開梱、再梱包に道具も必要ありません。

物流容器としては物流クレートも有力です。物流クレートはかご型の容器で、通い箱などに用いられます。たとえばパン製造業（食品製造業）では生産ラインから物流プロセス全体まで、クレートの一種の番重（ばんじゅう）が搬送容器として使われています。アパレル業界などではプラスチック製の折りたたみコンテナ（オリコン）の活用も進んでいます。段ボール箱納品の代わりに通い箱としてオリコンを活用する動きです。

RFIDタグを現場の発想で活用し、トレーサビリティを強化し、在庫管理・数量個数管理などに活用する流れも大きくなってきました。物流現場の作業効率が向上し、コスト削減も可能になります。

要点BOX

- ●物流クレートのサイズを統一
- ●折り畳みコンテナの活用
- ●RFIDタグの装着でトレーサビリティを強化

強化段ボール箱による改善事例

改善前

通常の段ボールの場合、うまく積み込んでも荷が不安定で荷崩れを起こしやすい。段ボールの大きさが異なっていると、積載量も把握しにくい

改善後

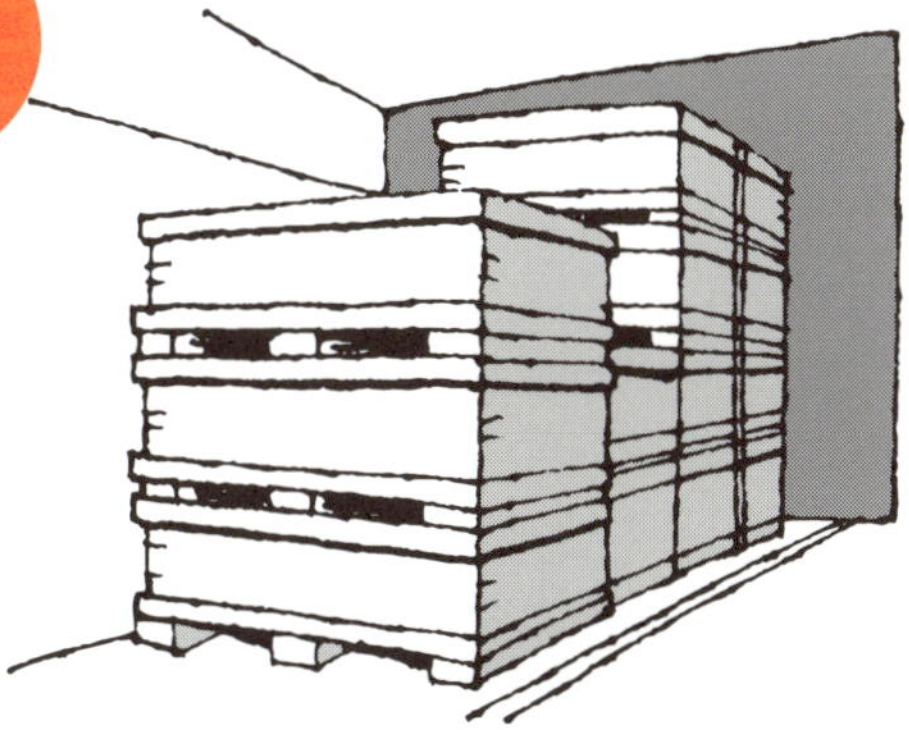

強化段ボール箱を用いた荷姿改善の一例

強化段ボール箱を用いた荷姿の標準化で保管効率などを向上させることが可能

トラック荷台や輸出コンテナ内でも、積載率を大幅に向上させられる

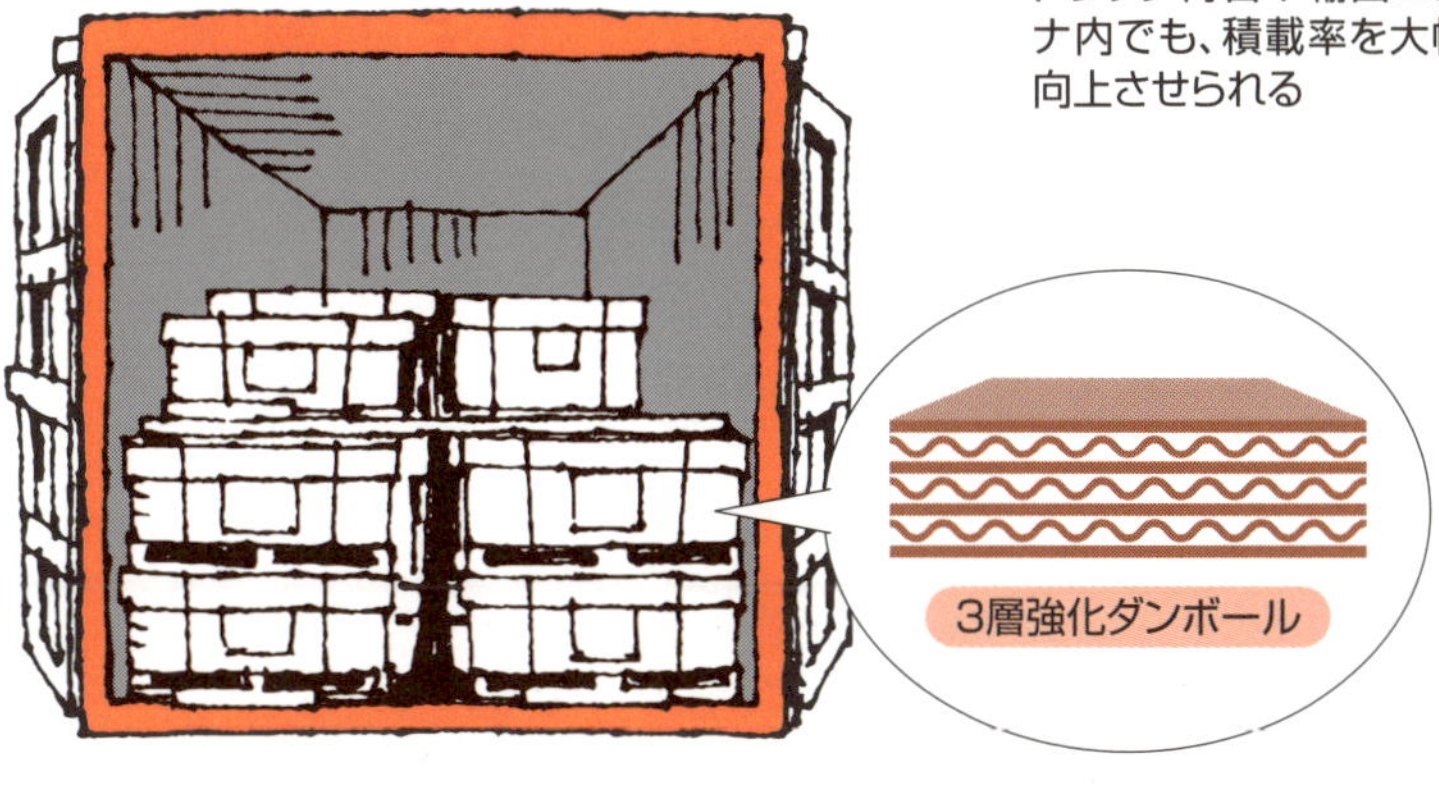

48 便利に利用できるかご車の活用

かご車紛失率の最小化が課題

　かご車（ロールボックスパレット、カーゴテナー）とは、庫内や店舗内などの運搬、搬送に用いられる、格子状あるいはかご状の運搬用台車です。かご状の荷台の下に車輪（キャスター）がついているので、積載した貨物をあらためて台車などに積替えることなく運搬できます。

　また、パレットの役割も担います。かご状の荷台に荷物を置けるためで、荷姿にばらつきがあり荷崩れの恐れがあっても、パレットサポータなしに荷物を運べます。車輪にはストッパーがついているので仮置きなどにも対応できます。かご車には折りたたみ機能もあり、使用しないかご車を折りたたみ、小スペースに収納、保管することが可能です。フォークリフトによる店舗へのパレット納品が難しい環境でも、かご車を用いることで納品できるため、食品業界やアパレル業界などさまざまな領域で活用されています。

　物流センターなどでピッキングされたアイテムはかご車に積載され、必要に応じて仮置きなどを経て、出荷エリアに運搬され、トラックで納入先の小売店舗に輸送されます。スーパーマーケットやアパレル店舗などでは、トラックからかご車に載せたまま荷卸しされて納入されることになります。通常のパレットを使うならばフォークリフトやパレットサポータが必要になるケースも出てきます。しかし、かご車が使用できる物流現場ならば、それだけで作業負担を大幅に軽減できます。

　かご車を活用するうえで課題もあります。まず、かご車の紛失には十分に気をつかう必要があります。かご車が納入先の小売店舗から回収できないというケースが少なくありません。かご車の紛失を防ぐためには、一連の物流のうちどこで滞留してしまうのかを把握する必要があります。最近では、かご車にRFIDタグをつけて位置情報管理を徹底しているケースも増えています。

要点BOX

- 庫内、店舗内などの運搬、搬送を効率化
- フォークリフトが不要で扱いやすい
- 台車機能とパレット機能の融合で現場を改善

かご車の機能

かご車
台車機能
パレット機能
折り畳み機能
RFIDタグを装着して
位置情報を可視化
することでさらに
便利になるね

49 梱包材の工夫で荷崩れを防止

荷物の保護と荷扱いの簡略化を推進

PPバンド、ガムテープ、OPPテープ、ストレッチフィルムなどは、荷姿が不安定、あるいはばらばらな貨物をまとめ、荷崩れを防ぐ機能があります。たとえば、PPバンドはパレット積みには欠かせません。PPバンドをパレットの差込み口やパレットの下を通して梱包を行います。また、段ボール箱の強度が弱い場合などにはPPバンドを掛けることで補強できます。PPバンドで段ボール箱などをまとめると、荷扱いを簡素化できます。なお、PPバンドを素早く掛けるためには自動梱包機などを使います。パレット梱包では、パレット上の貨物の側面からストレッチフィルムを巻きつけて、荷姿が崩れないようにすることもあります。

PPバンドやガムテープは何気なく使っていると、知らぬ間に使用量が多くなってしまいます。大量に使うと梱包コストの増加につながりますので、使用量については工夫を施したいところです。たとえば、取引先への納品に段ボール箱を使用するとき、すぐに開梱されるのがわかっているような場合は、ガムテープなどの使用量は最低限でも構わないと考えて可能なかぎり少なく使います。状況に応じた使用方法をマニュアル化することで、使用量を抑えるようにします。PPバンドなどは基本的には使い捨てとなります。したがって、使用量が多くなるほど環境負荷も高くなります。近年では環境負荷をかけないことを意識して、再利用素材で作られた商品が増えています。

物流現場では、包装・梱包に手間がかかることが少なくありません。包装・梱包の材料はたいへん種類が多く、選択に手間とコストがかかります。だからこそ、包装・梱包の工夫は現場改善のカギを握ります。

戦略的な梱包を実践するために試行錯誤を繰り返し、改善を重ねていくことで大きな成果を得ることも可能になります。ムダ、ムラ、ムリのない包装を目指していく姿勢が重要になるのです。

要点BOX

●PPバンドで段ボール箱をまとめ、作業負担軽減
●ガムテープの使用量の最適化を実現
●環境負荷の低い梱包材が増えてきている

梱包を考える際に必要な要件

重量

最大積載量を念頭に1梱包当たりの重量を設定

寸法

段ボール箱、クレート、パレットなどの幅、長さ、積み荷の高さを設定。最大許容寸法も設定

荷姿

固定、積み重ねの方法などを指定
⇒積み重ね可能な荷姿を推奨

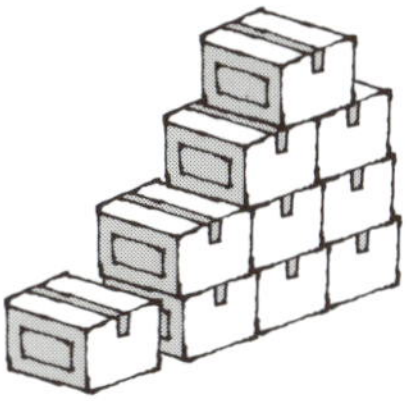

フォークリフトとの連動

フォークリフトで損傷なく運搬できる荷姿を推奨

梱包補助材の活用

コーナー部分の保護材

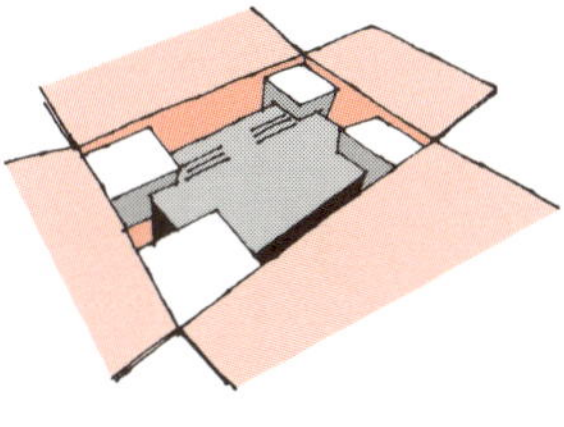

損傷低減、荷の安定性

板紙

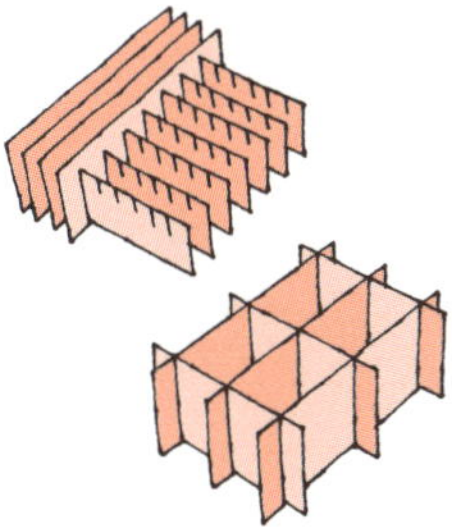

上部、底部、側面に板紙を配置
⇒保護壁の機能、積み荷の重量分散効果

パレット用の差し込み支柱

パレット上の積み荷が安定しない場合、木材または金属支柱などで固定

梱包補助材、緩衝材などのじょうずな使い方を理解しておきたいね

「積み重ねできる荷姿」というのも大きなキーワードだね

50 ネステナーを効果的に活用して保管効率を向上

平置きの解消を戦略的に実現

平積みの解消策として固定ラックを導入するのはきわめて効果的です。しかし、物流現場であればどこにでも固定ラックを導入できるかといえば、そうではありません。しっかりとした所番地化を行うのではなく、仮置きの延長線上として平置きでタイムリーな出荷に対応していかなければならない状況は、相当数発生します。「どれくらいの荷扱いになるのか、状況によって大きく変わる可能性があり、見通しが立ちにくい」「固定ラックを設置するだけの十分なスペースを長期間確保できない」といった状況では、固定ラックを導入できません。

こうした状況の物流現場にはネステナーを活用する選択肢もあります。ネステナー設置の際の初期設定や設置後の位置変更、移動が容易にできるので柔軟に保管環境を変えられます。ネステナー単位でフォークリフトを活用して荷物を移動させたり、積み重ねていったりできます。そのため、庫内レイアウトの柔軟な変更にも対応できます。荷物を高積みすれば、先入れ先出しができなくなったり、作業効率が落ちたりすることになります。ネステナーを使用すればそうしたリスクを回避することも可能です。

ただし、しくみや設置が簡単なぶん、難点もあります。ネステナーは格子状であるため、地震の際に荷崩れが発生しやすくなります。長期保管する場合は、耐震強化の工夫も必要です。

ネステナーのサイズは荷姿、とくにパレットサイズに影響を受けます。たとえば、標準的なT11型パレットで一般的なパレタイズのスペックである1500〜1600㎜の高さを想定すると、幅で150㎜、奥行きで50㎜、高さで100㎜ほどの余裕(クリアランス)を念頭にサイズを決める必要があります。なお、一般的に積み重ね可能な段数は3段程度ですが、倉庫の天井高やフォークリフトのスペックなどによって変わってきます。

要点BOX

- ●パレット荷役を側面から補強
- ●固定ラックが使えない状況に対応
- ●パレットサイズに大きな影響を受ける

ネステナー

倉庫内などで積み重ねて使用する

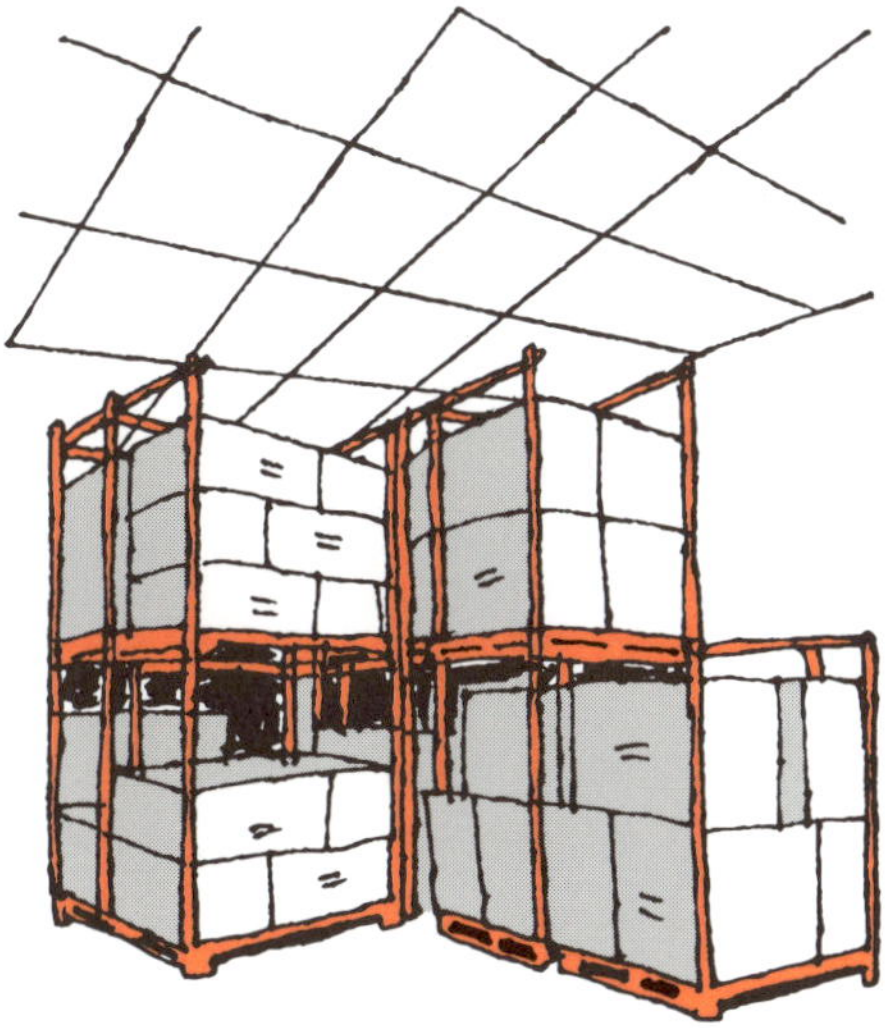

ネステナーの活用

ネステナー単位で荷物を移動させられる

簡単に積み重ねられ、設置後も
位置変更が容易

迅速に5S･3定を実現

51 パレットサポータの導入による現場改善

物流現場の柔軟なレイアウト変更

平積み、高積みの状態で、貨物を長期的に保管することは、できる限り避けたいところです。しかし、仮置きのつもりで保管していた貨物在庫が長期滞留したり、仮置きが常態化してしまったりといった状況も起こりえます。本来はあってはならないことですが、現場状況からどうしても避けられない事情もあるはずです。また、「パレットラックの設置スペースが十分に確保できない」「パレットに後付けして形状の安定しない荷物の荷崩れを防ぎたい」といった状況に直面することもあるかもしれません。

そのようなときは、パレットサポータを用いて、パレット単位での保管環境を確保するという選択肢があります。パレットサポータはパレットの四方脇に取り付ける着脱式の支柱状のアタッチメントで、木製パレットやプラスチックパレットに用います。パレットを平置きするスペースにそのまま設置できるので、固定ラックやネステナーなどに比べ、小スペースに対応できます。

平置きしていたパレットにパレットサポータをそのまま取り付け、補助金具なども活用すれば、固定ラックのように2段積み、3段積みも可能になり、保管効率を大きく向上させられます。5S（整理・整頓・清掃・清潔・躾）や3定（定位・定品・定量）の推進にも効果を発揮します。

段積みすることになれば、下段に先入れ荷物、上段に後入れ荷物を保管して、下段から出荷依頼に応じて荷物を取り出す「先入れ先出し法」を実践することも可能です。固定ラックの代替として活用し、貨物に所番地をふるロケーション管理を導入することもできます。

ただし、固定ラックなどに比べると荷物の安定度は劣ります。地震などの発生時には荷崩れするリスクが残りますので、あくまで応急措置として活用することになります。ピーク時の物流量の急増などに対応する際の力強い味方といえます。

要点BOX

- ●パレット単位の現場管理を高度化
- ●季節波動や緊急出荷にタイムリーに対応
- ●地震などに弱さが残る

パレットサポータ

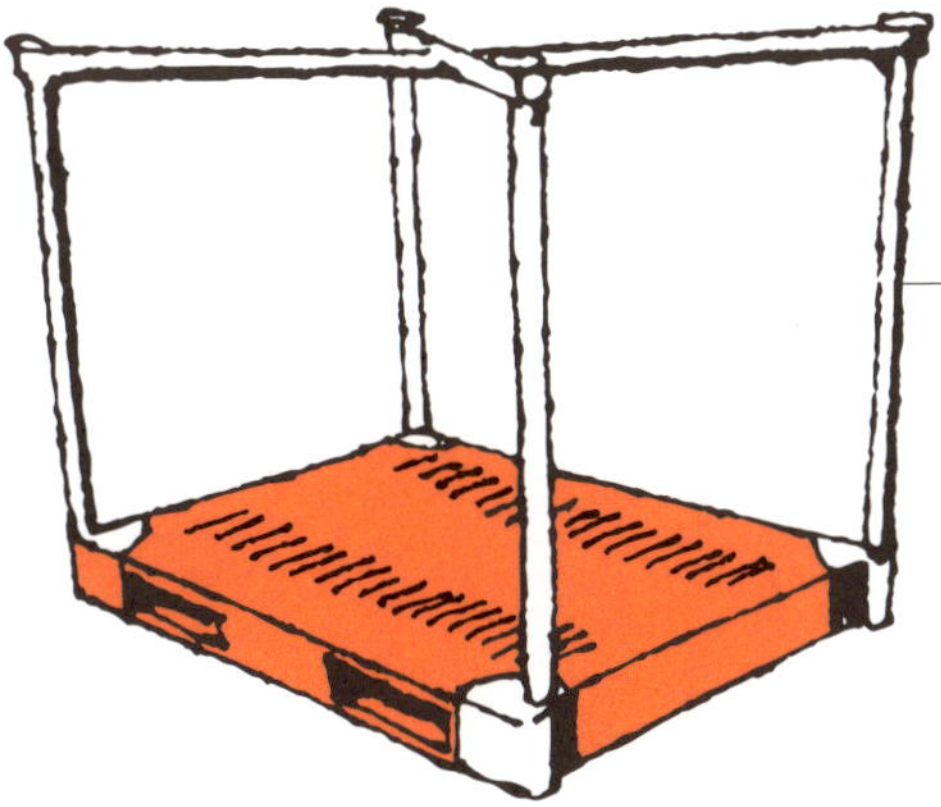

パレットの四方脇に取り付ける着脱式の支柱状のアタッチメント
後付けしておけば、形状の安定しない荷物の荷崩れを防げる

パレットサポータの活用

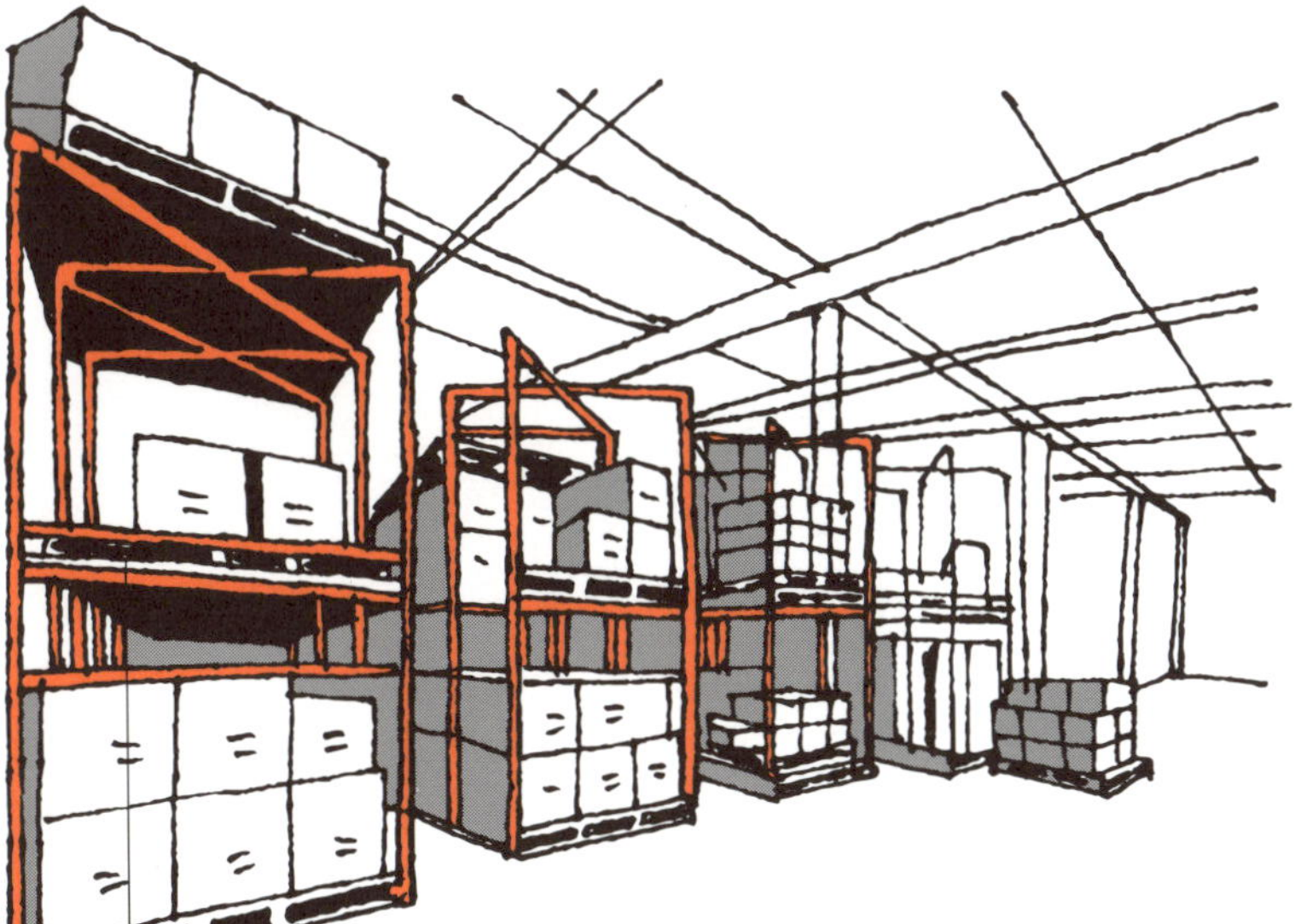

平置きしていたパレットにパレットサポータを取り付け、補助金具を活用すれば、2段積み、3段積みラックのように活用できる。平積み・高積みが解消され、先入れ先出しが実践できる。

52 輸出コンテナの充填率を改善

スキッドの活用でコスト削減

　コンテナは積載した貨物を積み直すことなしに、複合輸送、積替え荷役に適したかたちで輸送を行うための貨物輸送用容器です。コンテナは物流効率を飛躍的に向上させ、包装・梱包史上の大発明ともいわれています。内容積は1㎥以上で、貨物の積込み、取り出しを行いやすい構造で複数使用に耐える強度を備えています。

　コンテナには国際規格（ISO）と国内規格（JIS）が存在します。1961年にコンテナ寸法の国際規格化についてのISOの総会が行われ、翌年規格が定められました。以後も適時、寸法規格の追加などが行われています。

　バラ単位の貨物を段ボールに入れて、さらにパレットに載せてフォークリフトでコンテナに格納します。貨物特性や重量、寸法などにあわせてコンテナの種類も多岐、多様化する傾向を強めています。ドライ、冷凍による区分けや、輸出向け、国内向けなどを考慮しなければなりません。コンテナの材質なども使用目的などが異なれば形状が変わってきます。

　パレットに似たものとして、スキッドがあります。スキッドはパレットとは異なり下板がないため、段積みをすることはできません。コンテナ内などで輸出貨物を載せて使います。スキッドは輸出貨物などのフルコンテナ輸送に対応した梱包方式です。下板がないことでパレットに比べてコスト安となります。必ずしも箱詰め包装が必要ではない場合などに活用されます。

　なお、国際物流の梱包は国内用貨物の梱包とは区別して行われます。輸送時間・期間が長くなるほか、通関に時間がかかり、保管期間が想定よりも延びるおそれがあるからです。また、国内に比べて雑な荷扱い、荷捌きが行われたり、荷役業務で想定以上の衝撃が加わったりするケースもあります。輸出製品は、国内輸送では考えられないほど、ダメージを受けるリスクもあります。

要点BOX

- ●貨物特性や重量、寸法などにあわせて活用
- ●戦略的に梱包方法を選択
- ●国際物流用の梱包は国内よりも強固にする

パレットとスキッド

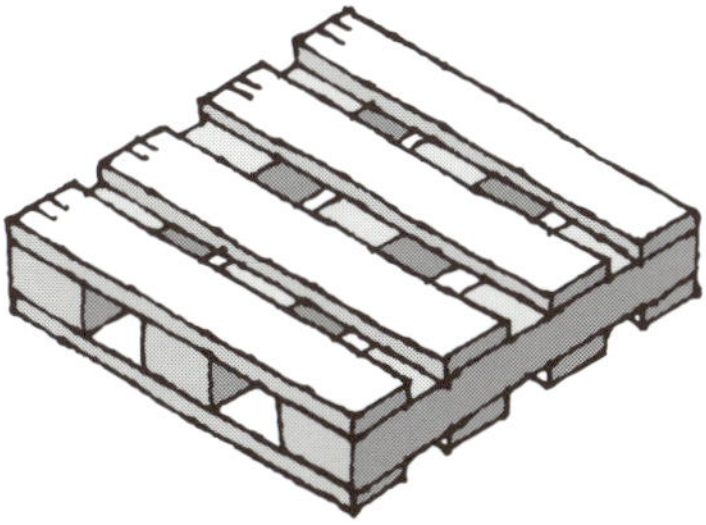

パレット

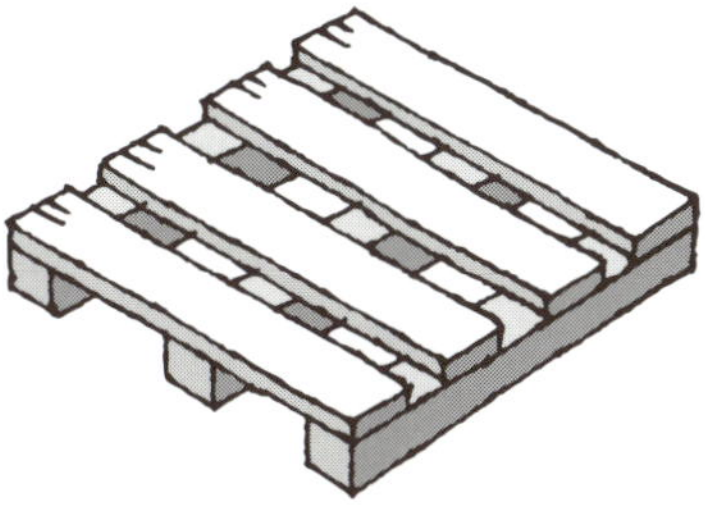

スキッド

パレットの代替品

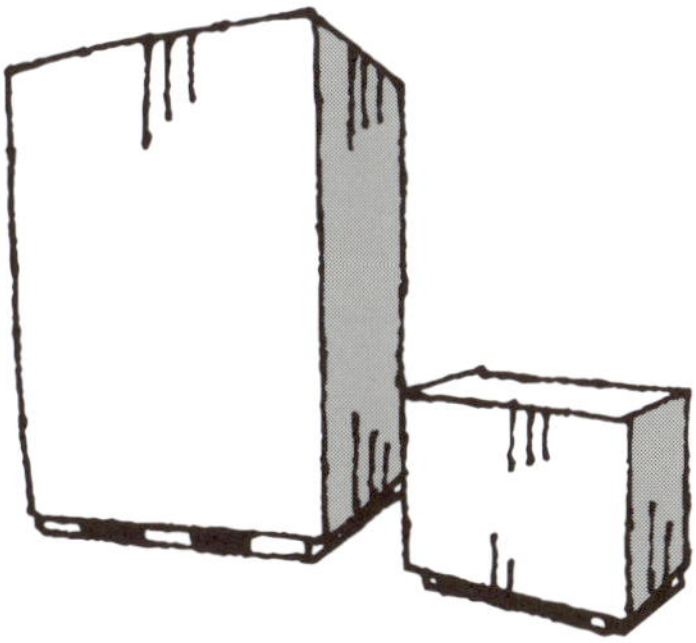

防水・防湿などを必要とする貨物

代替

●プロ仕様
強化ダンボールパレット付
【内寸:1250×750×550mm】

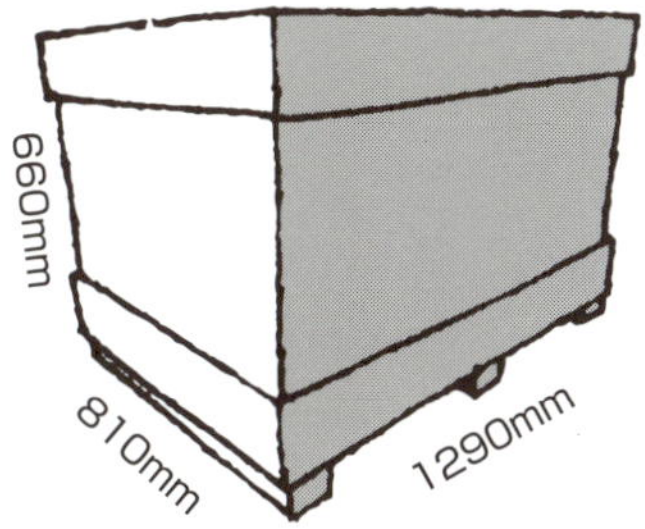

強化段ボール箱

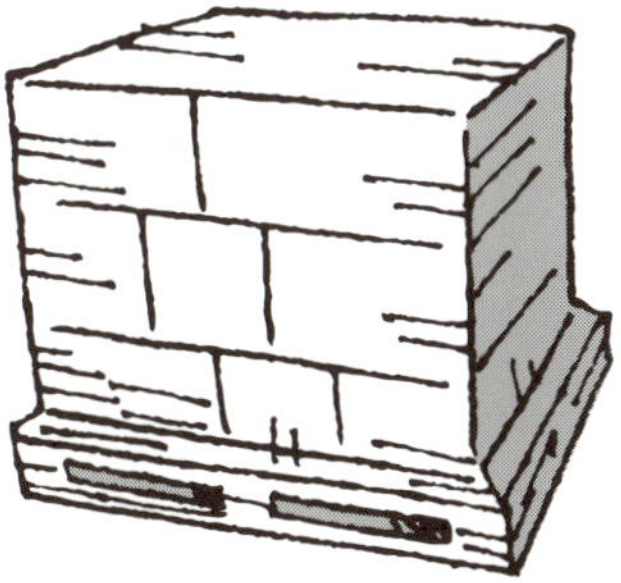

防水・防湿などを必要としない貨物

代替

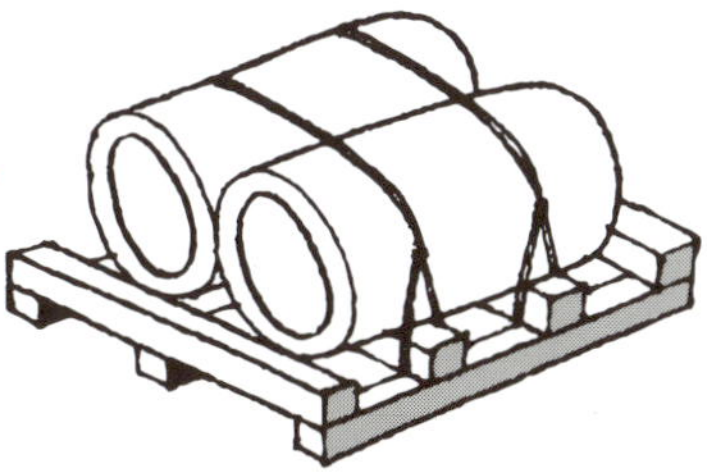

スキッド

運搬効率、保管効率は落ちるものの
コスト減(20%程度)

53 3辺長さや「才」の活用で荷姿を最適化

段ボール箱の大きさを正確にイメージ

近年、ネット通販（EC）向けの梱包が増加しています。EC向けの小口の梱包、荷姿などを考えるときは、長さ（縦）×幅（横）×深さ（高さ）という3辺のトータルの長さ（3辺長）を念頭に置くと、現場改善を進めやすくなります。

宅配便の梱包サイズは、3辺長を前提に料金設定が行われています。宅配便のサイズについては、梱包物の3辺長から、表のように定められています。一般に80サイズ（3辺長の合計が80㎝以下になる大きさ）はS（スモール）に該当し、100サイズはM（ミディアム）、120サイズはL（ラージ）に、それぞれ該当します。宅配便の場合は、梱包サイズの割合に正規分布（データが平均付近に集積し、左右対称のグラフになること）が成り立つと考えられ、80、100、120の3サイズに全体の約70%が網羅されています。

段ボール箱などの組み立てたあとの大きさを外形寸法といいます。外形3辺の合計を見ることで、「宅配便ならばこのサイズになる」といった判断を行います。たとえば1才の段ボール箱であれば、3辺が30㎝×30㎝×30㎝になり、3辺長は90㎝になります。宅配便の標準的なMサイズは100㎝なので、1才の場合、標準サイズよりも少し小さめということがわかります。

この考え方を、規格品の段ボール箱サイズの選定の際にも生かせます。たとえば、45㎝×35㎝×33・5㎝という段ボール箱がある場合、長さ、幅、深さのそれぞれの数字だけを見ていてもイメージがわかないかもしれません。しかし、3辺長で113・5㎝として考えると、宅配便における標準よりもやや大きめのサイズ（Lサイズ）であり、宅配ボックスなどに収納可能なサイズであることがわかります。

3辺長の考え方は宅配便のみならず一般貨物にも当てはめて考えることができます。工場からの出荷などに際しても、3辺長で荷姿を工夫することで効率化が可能になるのです。

要点BOX
- 梱包の大きさを適切に把握
- 適切な外形寸法を3辺長から選択
- 宅配便のサイズを基準に大きさをイメージする

宅配便の３辺長（例）

サイズ	3辺長	重さの目安	
60サイズ	60cm以内	2kgまで	SSに相当
80サイズ	80cm以内	5kgまで	Sに相当
100サイズ	100cm以内	10kgまで	Mに相当
120サイズ	120cm以内	15kgまで	Lに相当
140サイズ	140cm以内	20kgまで	LLに相当
160サイズ	160cm以内	25kgまで	
180サイズ	180cm以内	30kgまで	
200サイズ	200cm以内	30kgまで	

出典:ヤマト運輸のホームページなどを参照

一般に
80サイズはS、
100サイズはM、
120サイズはL
に該当するよ

段ボール箱の
大きさを外形寸法の
枠組みで小さくしていく
ことで積載率や
保管効率を向上させる
ことが可能になるよ

Column

国際物流と梱包

　国際物流における梱包は、国内用貨物の梱包とは区別して行われることがあります。輸送時間・期間が長くなり、通関に時間がかかって保管期間が想定よりも延びるおそれがあるからです。また、日本に比べて雑な荷扱いが行われたり、荷役業務が想定以上に激しくなったりして、国内輸送では考えられないほどのダメージを受けるリスクもあります。

　その点もふまえ、金属製品、機械類などについては、結露、雨濡れなどが原因で製品に錆が発生しないよう、防錆対策が必要です。バリヤ材で包み、乾燥剤を入れ、熱封緘したバリヤ梱包などが行われます。

　輸出国によっては、木箱、木製パレットなどもきちんとくん蒸処理を行わなければなりません。梱包材に問題があると輸入国側で判断された場合、再梱包料金や積戻し料金が発生することもあります。

　梱包条件は商品売買などの契約の際に決められます。梱包重量、サイズなどについて注意する必要があります。貨物自体の重量、容積のみならず、梱包材込みの重量、容積も重要になります。運賃などには梱包分の重量、容積なども反映されるためです。

　貨物には荷印がつけられます。インボイス、船荷証券などにも荷印は使われます。荷印（シッピングマーク）は貨物につけられる荷札のことで、購入者名、製品名、原産地、陸揚地、梱包番号番号などが記され、貨物の概要がわかるようになっています。混載の仕分けで誤配送などの混乱を起こさないように荷印には気を使いたいところです。

くん蒸処理

バリヤ梱包

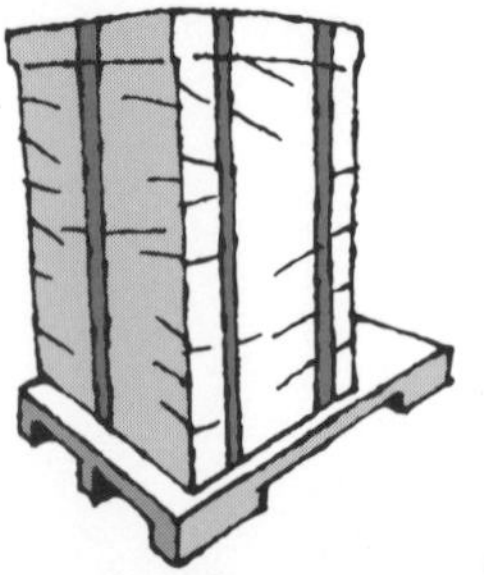

第7章

物流現場の人材教育ってどうするの?

54

物流現場の研修体制を充実

インストラクター制度の導入

近年、物流センターの労働力不足が続いています。そのため、高齢者、外国人などの活用や女性労働者の登用なども現場で進んでいます。

その一方で、研修に多くの時間を割ける現場はまだまだ限られています。そして、物流現場の作業が複雑で、新しく加わった作業者に工程がわかりにくいことも少なくありません。そのぶん作業効率は低下し、熟練者が教育係になるケースも多々あります。手取り足取り教えていると、全体の作業効率が低下するリスクも出てきます。

そこで充実させたいのが、作業マニュアルの見える化です。作業現場に作業マニュアルをボード表示し、新しく加わった作業者にもすぐに作業手順がわかるようにすることで、研修・教育時間を削減できます。作業マニュアルボードが見やすい場所にあると作業者全員が等しく理解でき、初めて作業をする人もすぐに作業に慣れ、作業効率が大きく向上します。

また新しい作業者にとっては、ピッキング作業などの手順などのマニュアルを読んだり作業フローを見たりするだけではわからないこともあります。その場合、先輩作業者に逐次、質問したいことが出てきますが、他の作業者が忙しければ丁寧な説明を受けることはできないでしょう。また、新しい作業者から見て、現場の中で作業を熟知しているのが誰なのかもわかりにくいかもしれません。

このようなケースでは、ベテラン作業者などのなかから現場作業のインストラクターを選定します。新しい作業者などへの教育担当者として任命します。教育担当者は庫内を巡回し、困りごとがあれば手伝うようにします。巡回の際は、新しい作業者が質問しやすいように腕章をつけてもよいでしょう。作業手順などに疑問が生じた際に、誰に質問すればよいのかが明確になれば、作業遅れや作業ミスなども減っていくことになります。

要点BOX

- ●作業マニュアルの充実で研修時間を削減
- ●マニュアルは全員が見える位置に掲載する
- ●教育担当者を決め、質問しやすい環境を作る

インストラクター制度の導入

新人の物流作業

作業マニュアル、手順書などを活用して作業

↓

疑問点などの質問

作業の疑問について、同僚、先輩などに聞く機会は少ない

↓

インストラクター制度の導入

作業者とは別に専任の指導員を配置する

新人作業者が作業マニュアルや手順書を参考に現場作業を学べるようにしておくんだ

専任の指導員を配置することで、同僚や先輩は隙間の時間に後輩に教えることなく、作業に集中できるよね

55 トラックドライバーと配車・傭車係の教育とは?

ますます重要性の高まる運行管理者の知識

働き方改革関連法により、トラックドライバーなどの時間外労働がきびしく制限されるようになり、配車・傭車の考え方も大きく変わりました。トラックドライバーは、長時間労働になりやすく、時間外労働も避けられない状況にありましたが、きびしい規制が設けられたのです。

配車・傭車などの手配なども含めたトラックの運行管理全般を司るには、「運行管理者（貨物）資格者」という国家資格が必要になります。運行管理者は原則として貨物自動車を有する営業所に設置することが義務付けられています。大手物流企業などではこの資格を取得することが、昇進や役職者となる条件となっていることも少なくありません。

さらに「資格を取得すればそれで勉強は終わり」というわけではありません。法律で定められているトラックドライバーの労働時間の順守、過積載、過密運行などの回避を念頭に、運行計画を策定する必要があります。したがって、試験合格以降も実務を通してOJT（現任研修）を続けていくことになります。

直接は運行管理実務に携わることがない荷主企業の物流担当者も、関連項目に関する基礎知識を学んでおく必要があります。とくに、点呼に関する一連の流れや労働基準法に準拠したトラックドライバーの勤務体制、休憩・休息の取り方について把握しておくとよいでしょう。たとえばトラックドライバーの1日の労働時間や運転時間には上限が設けられています。また4時間の連続運転後には30分以上の休憩をとらなければならないといったルールも法律で定められています。

「急いでいるから長距離になるけど休みなしで運んでよ」「ほんのちょっとだから過積載になってもよろしく頼むよ」といった無理な要求は、荷主側も責任が問われます。工場や物流センターの出荷担当者などにもトラック運行管理の基礎知識が求められています。

要点BOX

- 運行管理者（貨物）資格者がドライバーを管理
- 安全・安心を前提に運送経路を最適化
- 過積載による貨物運行は避ける

運行管理者（貨物）の役割

- トラックドライバーの乗務割の作成
- 乗務記録の管理
- 休憩・睡眠施設の保守管理
- ドライバーの疲労・健康状態等の把握
- 安全のための指導　　など

運行管理者（貨物）の設置数

トラックなどの事業用自動車の安全運行を確保するために、営業所ごとに車両数に応じた人数の国家資格者である運行管理者を配置

事業用自動車の両数（被けん引車を除く）	運行管理者数
29両まで	1人
30両から59両	2人
60両から89両	3人
90両から119両	4人
120両から149両	5人
150両から179両	6人
180両から209両	7人
210両から239両	8人
240両から269両	9人
270両から299両	10人

56 高度物流人材の育成・確保を推進

現場で進むデジタル化に対応

物流現場でもデジタルに明るい人材が求められるようになりました。国土交通省は新時代のロジスティクスに求められる人材を「高度物流人材」とし、文理を問わず幅広い人材の物流分野への参入を促しています。「物流現場では手作業などがいまだに多いことを考えると、デジタル人材は不要なのではないか」と考える人もいるかもしれません。しかし、物流現場こそ、手作業からの脱却を迫られており、ITやDXに詳しい人材の参入が求められています。

たしかに、情報システム構築などの高度な知識や実務能力は必要とされないかもしれません。しかし、「直面する物流課題についてデジタルの視点から解決策を示す」という臨機応変な対応力や、慣習や常識にとらわれない柔軟な発想力が求められます。このような状況に対応する研修手法として近年、注目されているのがPBL（問題解決学習）です。残念なことに、PBLの認知度は日本ではまだまだ低い状況です。

物流・ロジスティクス領域の実務経験が少ない新人や転職者などが、ロジスティクスの概要や基本的な業務フローを理解するには時間がかかります。専門性の高い資料と概念的な内容の講義・研修だけでは、研修の効果に限界があります。そこで、実務体験に準ずるかたちで与えられる課題をグループワークにより解決するPBLの導入が有力な解決策として考えられます。

デジタル人材教育をPBLで行うことで、課題解決の一連のプロセスを実務と仮想して経験できます。ロジスティクスの実務の流れを小グループでの議論、考察、デジタルベースの共同作業やDX活用のプレゼンテーションなどを介して理解していきます。実務への高度な対応力を身に付けることが期待できます。知識やスキルのアップデートが必要のある分野に有効で、物流業界もその例に漏れません。

要点BOX

- ●レガシー教育からの脱却を視野
- ●文理含めた幅広い物流知識の必要性
- ●PBLの導入で効果的な教育を実現

DX時代に求められる人材育成のスキーム

文理融合型の人材

理系ベースの人材

理系の基礎知識、ロジスティクス工学、ベイズ統計学、数理モデルなどに加えて、文系的なビジネススキル

文系ベースの人材

文系の基礎知識、ビジネス知識などに加えて、理系的な思考法やプログラミング、DXリテラシーの知識

PBL

PBL Project Based Learning（問題解決型学習）

実務で見つかる課題 ― **グループワーク**

課題を現場で発見し、その課題を複数人で話しあって解決することで、課題解決のプロセスを身に着ける。

57 物流センター長の研修体制の構築

サプライチェーンの司令塔としての役割

物流センターの機能が高度化し、拡充され、企業活動における役割がこれまで以上に重要視されています。物流センターの責任者についても、非常に高度なスキルやリーダーシップが求められる時代となりつつあります。大規模な物流センターには、パート、アルバイト、正社員などの従業員が50～200名、あるいはそれ以上います。物流センター長は組織全体の責任者であり、従業員全員の統括者です。

物流現場の最高責任者である物流センター長について、執行役員と同等あるいはそれ以上に評価し、全社的な物流戦略の策定について発言、提案をしてもらいたいと考える企業が増えています。また物流戦略を展開するにあたり、在庫政策やリードタイムの方針など、責任の所在をはっきりさせることが重要といわれています。

すなわち、物流センター長は、物流センターの効率化、高度化を巨視的な視点から考察し、運営の方針や戦略を練り、実行していくことが重要な責務となります。同時に各作業工程を管理し、物流品質の維持、向上を目指していきます。さらに現場レベルで責任部署を設置したり、責任者を配置したりする必要もあります。物流センターにおける従業員管理のトップとなり、従業員満足（ES）と顧客管理（CS）を両立させていくのです。適材適所の人材配置や人材評価、育成についても責任を負います。とくに従業員の満足度を高めることは、近年の物流センター運営ではますます重要になってきています。

ただし、高いレベルで物流センター長の必要十分条件を満たしていくのは決して容易なことではありません。したがって、早い段階での意識付けや動機付けが必要になってきます。物流センター長として求められる資質や実務知識を企業内で受け継いでいくしくみ作りと、外部講習などをストレスなく受講できる社会基盤も求められています。

要点BOX

- ●広範囲な業務を巨視的に把握
- ●物流センターの効率化を考察し、方針を検討
- ●オペレーションの進捗を人員配置によって管理

物流センター長の役割と条件

物流センター長

サプライチェーンを統括する

物流センター長に求められる能力

- 従業員の統括能力
- 顧客満足を実現する対応力·コミュニケーション力
- サプライチェーン·ロジスティクスに関する高度な知識と実務能力

58 CLOの設置によるホワイト物流の推進

荷主企業に求められる高度なノウハウ

2024年4月の物流効率化法の成立により、条件を満たす荷主企業にCLO（ロジスティクス責任者、原則役員クラス）の選任が義務化されました。法律で定める一定規模以上の特定事業者について、中長期計画の策定とその進捗などに関する定期報告などを義務付け、荷主側の窓口、並びに推進役としての活躍を期待しています。

CLOとは「物流に関するマネジメント一般、ロジスティクスの戦略立案、リーダーシップなどを大局的な視野から統括する責任者です。物流現場の担当者ではなく、経営的な視点から物流戦略全般について意思決定できる、企業経営クラスの役職です。CLOの責務は、物流の適正化などの取り組みの責任者として、荷待ち時間の短縮やホワイト物流の推進、グリーン物流などにも及びます。

「ロジスティクスマネジメント」という場合は、物流体系全体が管理対象となります。物流体系の中でモノがどのように流れていくかを管理します。部分最適よりも全体最適を進めることで、コスト削減や効率化、適切な在庫管理などを検証していきます。

ロジスティクスマネジメントが実践される物流の全領域は、調達物流、生産（社内）物流、販売（市場）物流、回収物流の4つに大別できます。4大領域を通しての一連のモノの流れを管理します。たとえば、生産物流は調達物流や販売物流と密接に結びついて効率アップを図ります。生産計画に合わせて調達物流が構築されます。部品納入は生産物流の状況を見ながら行われるので、工場はムダな在庫を持つ必要がなくなります。工場での生産は緻密な販売計画、販売予測に基づいて行われ、売れ残りや欠品は最小限に抑えられます。調達から消費までの一連のモノの流れが、滞留なく管理されています。

現場起点の管理だけではなく、経営トップの視点からのマネジメントも必要になります。

要点BOX
- CLOは物流戦略を含めた意思決定を行う
- 荷主と物流企業のウィン・ウィンの関係を構築
- 長時間労働の回避を積極的に推進

荷主企業に設置が義務化されるCLO

CLO Chief《チーフ》 Logistics《ロジスティクス》 Officer《オフィサー》（最高ロジスティクス責任者）

法律で定める一定規模以上の特定事業者（荷主）に設置が義務化

役割

- 中長期計画の策定
- その進捗などに関する定期報告などを義務付け
- 物流における荷主側の窓口、並びに推進役としての活躍を期待

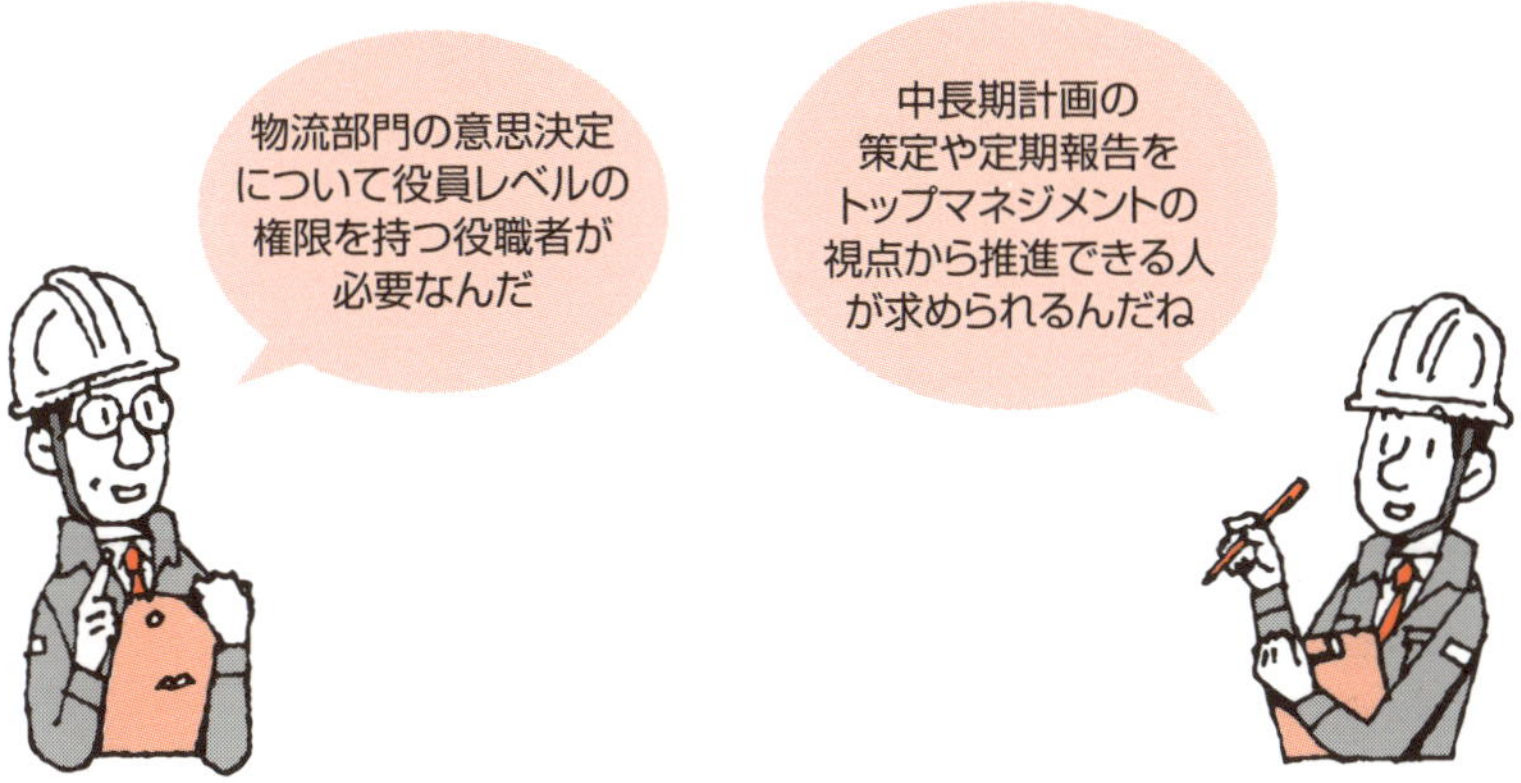
物流部門の意思決定について役員レベルの権限を持つ役職者が必要なんだ
中長期計画の策定や定期報告をトップマネジメントの視点から推進できる人が求められるんだね

59 物流関連の勉強会の充実

現場実務に呼応した実務知識の習得

物流現場改善を進めていくと社内だけでは解決できない課題にぶつかることもあります。その場合、活用していきたいのが物流業界で広く開催されているセミナーや勉強会です。各都道府県のトラック協会や倉庫協会、さらに業界関連団体や民間企業などで開催されるセミナー、勉強会などに積極的に参加し、改善のノウハウに触れます。社内でも現場単位で適時、勉強会を開催するのも効果的です。可能ならば、外部の専門家に講演を依頼することも検討したいところです。

また、庫内作業で取り扱うアイテムの機能や役割、購入層な製品特性などの勉強会も効果的です。実際のオペレーションと直接結びつかないかもしれませんが、アイテムのバックグラウンドについて勉強会が開催されているケースもあります。

たとえばA社ではピッキングの関連アイテムに類似した形状の商品が多く、「作業者が商品の違いを見分けられない」という声が聞かれました。ピッキングリストにロケーションが示されていること、バーコードで確認できることから、実際の作業に大きな影響は発生していませんでしたが、誤ピッキングのリスクが存在することに違いはありません。

そこで、類似した形状の商品について定期的に勉強会を開催し、作業者が商品知識を身に着けることによって誤ピッキングを防ぐ努力を始めました。それぞれの商品の写真を見比べたりイラストを描いて相違点をチェックしたりすることをグループ単位で実施しました。その結果、商品名や機能、形状の微妙な相違点などが理解できるようになり、ポカミスが減り、作業者のストレスも軽減されました。改善前後で、目に見える形での差異はありませんが、「勉強会を行ったことで作業者に精神的な余裕が生まれた」という声が聞かれました。作業チームや荷主、物流事業者間の認識ギャップの解消にも勉強会は活用されます。

要点BOX

- ●見学会などの「他流試合」にも積極的に参加
- ●社外の視点からの現場課題の分析を推進
- ●社内で勉強会を開いて商品知識を深める

現場改善の勉強会の実施

物流現場における疑問・質問

↓ 取り扱うアイテムに関する疑問

勉強会の開催
セミナー・講演会の実施

↓ 仕事の悩みを共有することで現場改善の方向性が見える

社内外のネットワークを
強化して現場力を向上

勉強会に
参加することで
親睦も図れるし、
実務への理解も
深まるね

60 高等教育における「物流」科目の導入

幅広い人材を受け入れるしくみ作り

米国におけるロジスティクス教育は、1960年代にミシガン州立大学、オハイオ州立大学などで始まりました。しかし、生産、販売、消費などの経済活動の陰に隠れており、物流は後処理的に行われるビジネス業務と見なされ、大学教育における体系化が遅れてきました。ロジスティクスの実務知識はアカデミズムにより体系化されたものではなく、現場での経験と勘により伝承されるオーラルセオリーであるとされたのです。職業教育としては、OJTなどによる現場教育が重視されてきました。

わが国においても、物流教育は実務者向きの研修がほとんどで、2000年代以前には大学で講座が開講されることは多くはありませんでした。大学での「物流」の授業が増えてきたのは、2000年代になってからです。文系の経営学部や大学院のMBAコースのカリキュラムのなかに「ロジスティクス論」が組み込まれるようになりました。また、理系では生産管理、工場管理などのカリキュラム体系の延長線上に、物流管理やロジスティクス工学に関連する科目が設置されるようになりました。

ただし、物流・ロジスティクス領域は幅広いため、半期(セメスター)程度の講座が一つ組まれた程度では、物流関連業務に従事する際にはなかなか役には立たないでしょう。実務における物流は、新卒でも転職でも、「物流業界で活躍したい」と考える人にとって、イメージしにくい部分があります。物流業界がより多くの人材を迎え入れるためには、物流業界のしくみや基本業務の流れを理解していく講座が必要になってくるといえるでしょう。

最近は、物流担当者にも高度な理論や現場改善の知識が求められる時代となりました。「営業が向いていないから物流部門に回ってもらう」のではなく、「優秀な人材なので、まずは物流部門の業務を身につけてほしい」という考え方が求められています。

要点BOX

- ●関連資格の取得を視野にキャリア設計
- ●物流に関する学問が近年では体系化されている
- ●業界のしくみを学生・社会人に見える化が必要

オーラルセオリーから大学教育へ

オーラルセオリー

物流現場の勘と経験の産物
数的根拠などは存在しない

大学教育などによる理論武装

ロジスティクス工学などの進歩

Column

オペレーションズリサーチとロジスティクス工学

　自然現象や物理現象に対して数式を用いて解析するのではなく、社会現象に対して数式を用いてモデル化するのが経営工学といわれる分野です。そのなかの一分野であるオペレーションズリサーチ（OR）が、ロジスティクスの発展に重要な役割を果たしてきました。

　ORの起源は第二次世界大戦中の戦略研究です。もともとは作戦研究であり、軍事的作戦を立案して、オペレーションを実行するための資材の輸送や調達の効率的な方策を立てるための研究でした。さまざまな状況を数式でモデル化し、分析したのです。戦闘で用いられる爆弾の必要量や、兵器の在庫量、最適な攻撃ルートなどを計算で求めていました。その手法が、物流のスケジューリングの調整や在庫モデルの構築、全体最適化などのシミュレーションを行うロジスティクス工学につながりました。たとえば、経路最適化は現在ではトラックの配送計画などに応用されています。

　ただし、IT革命以前はこうしたOR理論による物流の理論化も実用性を高められませんでした。それは、理論ではわかっていても手計算で求めようとすると、莫大な時間がかかったからです。ところがIT革命以降、パソコンのスペックが急速に上がり、事情が一変しました。物流センターにおけるトラックの到着台数、トラック一台の要する平均荷役時間などのデータがわかれば、コンピュータシミュレーションを行い、作業を円滑に行うためにはどれくらいの作業員が必要なのかを割り出せます。コンピュータの発達は、物流実務のみならず、物流理論の発達にも大きく貢献したのです。

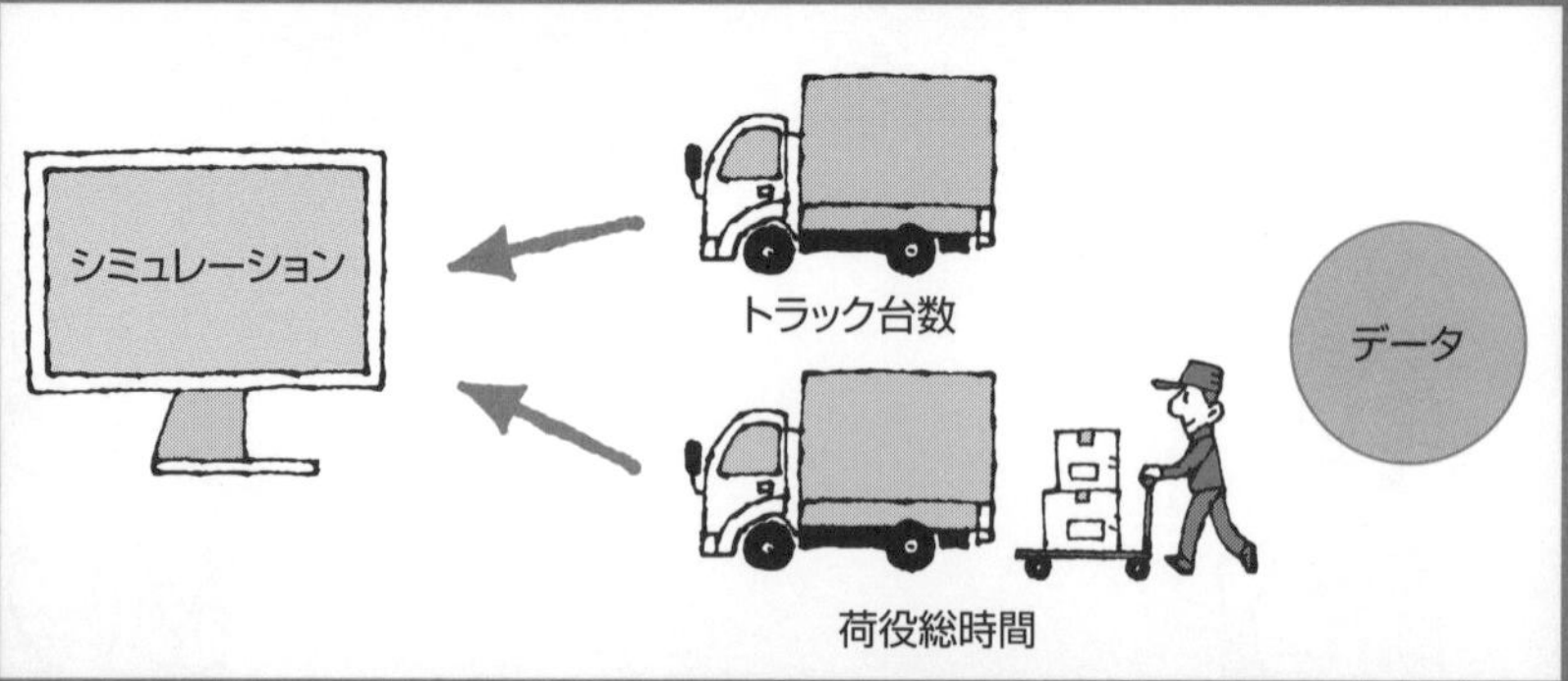

第8章

これからの物流現場改善ってどうするの?

61 物流現場改善の効果を定期的に確認

定点観測の継続を励行

物流現場は状況に応じた改善を常に必要としています。したがって、「現場改善を完璧に行ったから、これ以上の改善はもはや必要はない」ということはありません。また、現場改善がその場の一時的な思いつきで行われ、以後一切、フィードバックが行われないことも、多くの現場で見られます。こうした事態を発生させないために必要なことは、改善前と改善後の様子を画像や動画でしっかりと残してチェックできるようにしておくことです。

物流現場については、「ここが問題だから画像を残しておこう」「改善する予定だから動画を撮ろう」というのではなく、対象となる現場について可能な限りの画像や動画を保存します。その場では気がつかなくても、後から「この部分は改善を必要とするかもしれない」「目視の時点では気がつかなかったが動画で課題が抽出できた」といったケースが多々あるからです。

改善の課題を画像や動画で確認し、実際の改善に着手して完了したならば、今度は改善直後の現場をくまなく画像と動画に収めておくようにします。「改善のポイントだけ画像で残す」「動画は一部だけで十分」というのではなく、のちに2次的改善や改善の欠点が見えてくることもあるので可能な限り、全体を網羅します。改善後も、1か月先、3か月先などある程度時間を空けて再度、画像と動画を撮るようにします。改善直後の状況から気がつかないうちに変化していることもあるからです。このように改善成果を視覚化することにより、整理整頓した現場が数か月後に「リバウンド現象」を起こすことを心理的に制御できます。

さらに時間をおき、改善前と改善後を改めて比較することで、その改善でどのような効果が享受できたかが現場全体で共有できます。またリバウンド現象が確認できた場合、「なぜリバウンドが発生したか」を解明しておく必要もあります。

要点BOX

- ●改善前・改善後の記録を画像・動画で保存
- ●画像と現場を見比べ目標達成に向け試行錯誤
- ●記録は現場のリバウンド防止にも役立つ

定点観測の励行（例）

物流現場の現状分析	数値計測、改善のための仮説の構築
↓	
物流現場改善の実施	現状分析をベースとした現場改善の推進
↓	
改善現場の フィードバック	定期的なチェック（定点観測）を経て 改善結果の検証
↓	
前回の改善点をふまえた さらなる改善	改善後も残る課題の克服を念頭に置いた 再改善
↓	
継続的なフィードバック 継続的な改善	現場改善を継続的に実施し、 最善の現場を目指す

改善後も定期的に
現場をチェックして、
不自然ならば追加の
改善活動をしたいね

改善活動の記録を
残しておくと、別の
現場の改善の際にも
経験や苦労が役立つね。
改善報告書も
作成しておきたいね

62 物流DXの導入で高度化する物流現場改善

アナログのプロセスをデジタルに変換

物流業界でもDXの導入が加速しています。たとえば、DXを推進することで紙伝票を撤廃し、配送伝票のやりとりや受発注業務の効率化、ミスの防止を徹底します。

近年は、第5世代移動通信システム（5G）がDX社会を支える通信基盤となりました。インターネットにつながる環境が常備されているスマート工場やスマート物流センター（スマートウエアハウス）が物流DXを支えていきます。スマートフォンやRFID（非接触）タグを活用することで、貨物情報や作業進ちょく状況に関するデータを収集し、可視化させ、改善活動などに活用していくことが可能になります。

DXは経営の中枢だけの話ではありません。物流の現場でも推進されていきます。重要な役割を担うことになるのが、トラックドライバーなどが使うハンディターミナルやその機能を併せ持つスマートフォンです。

たとえば、トラック運送の現場に関して、貨物情報、輸配送状況、位置情報などをスマートフォンも含めた業務用携帯端末を用いて可視化する動きが加速しています。集荷情報、伝票情報、貨物追跡情報、入荷バースなどをウェブ上で確認できるようになります。トラック運送の現場の一連のプロセスがデータ化され、共有されることで、効率的で高度な物流オペレーションを実践することが可能になります。

DXの推進で物流の現場でもトラックドライバーの手待ち、荷待ちなどの負担を大きく軽減するホワイト物流が推進されていきます。これまで以上の規模とレベルでモノと情報がリンクし、効率的に使いこなせる環境が構築されています。DXの推進で、勘と経験に頼っていた物流現場が、データに基づいたデジタル化された現場に変わろうとしています。

ただし、ヤミクモにDXを推進するのではなく、「どのようなかたちと手順でDXを導入、推進すればよいか」を入念に検討していく必要もあります。

要点BOX

- ●勘と経験をITで言語化、数値化
- ●現場の情報をウェブ上で一元管理できる
- ●業界共通のデジタルプラットフォームの構築

ホワイト物流におけるＤＸの導入

物流現場の作業環境の課題

- 長時間の荷待ち
- ドライバーの長時間労働
- 大量の手荷役（手積み・手降し）にかかる負荷
- 高頻度となる夜間・早朝の積込み作業

背景

- 少子高齢化などによる人手不足
- 若者の3K離れ

ホワイト物流の推進

- トラックバースの荷役予定時間の事前設定
- パレットの活用
- 受注・出荷情報の事前共有
- 隔日配送の導入

方針

- 長時間労働で作業負荷のかかる現場環境の改善

物流DXの導入

- 効率的なオペレーションとリンクした情報システムの導入
- RPA・セールスフォース
- トラックバース予約システム
- 車両管理システム・運行管理システム

対策

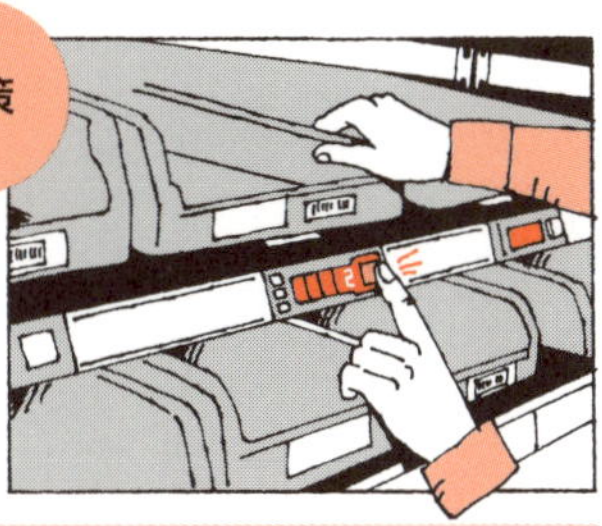

- 現場環境のアナログ環境をデジタル化することによる省人化の徹底

ホワイト物流と
物流DXは
表裏一体の
関係だね

63 物流自動化の流れを物流現場改善に活用

自律的に生産性向上を図るしくみ作り

最先端の物流センターは無人化の道を歩み始めています。ＡＧＦ（無人搬送フォークリフト）、ＡＧＶ（無人搬送車）などの進化が止まりません。

たとえば、人間の作業者が不在の夜間に、無人機が自律的にピッキング、仕分け、運搬作業などを行います。無人機の庫内作業速度が人間の作業スピードに比べて遅い場合、夜間に作業を行わせ、朝には完了しているように設定します。

技術の発展によって、今後は作業スピードが人間を超える可能性も高いでしょう。そうなれば日中も人の変わりに働き、高い作業効率を維持しつつ、無人化オペレーションを推進できることになります。

また、ＡＧＦの研究開発はここにきて大きく加速してきました。いち早く導入が進んでいるのはライダー型ＡＧＦです。ライダー型とは、無人運転機能を搭載したうえで、有人運転に切り替えることが可能なタイプです。すでに有人フォークリフトでオペレーションを展開している場合、いきなり完全無人型ＡＧＦを導入するよりも、まずはライダー型ＡＧＦを導入して、必要に応じて無人搬送に切り替えることができます。あるいは、日中は有人、夜間は無人というかたちでＡＧＦを活用することも可能になります。

搬送がパレット単位ではなくケース単位で行われている場合、フォークリフトではなく、コンベヤ搬送が中心となっていることが少なくありません。その場合、コンベヤ搬送からＡＧＦに切り替えることにより、スペースの有効活用も可能になります。たとえば、コンベヤラインを取り外し、多層型のオートスルーラック（可動式水平流動棚）を設置し、ＡＧＦと併用のオペレーションを展開します。そしてＡＧＦでパレット荷をオートスルーラックに格納し、出荷依頼に応じて、ラックの出荷サイドから作業者が取り出していくのです。

ＡＧＦの導入にあたり、庫内オペレーションとの同期と調和も重要になってくるのです。

要点BOX

- ●AGVの活用で省人化が進む庫内環境
- ●ライダー型AGVで有人・無人の切換が可能
- ●無人フォークリフトでオペレーションが高度化

デジタル化が進むマテハン機器の進化

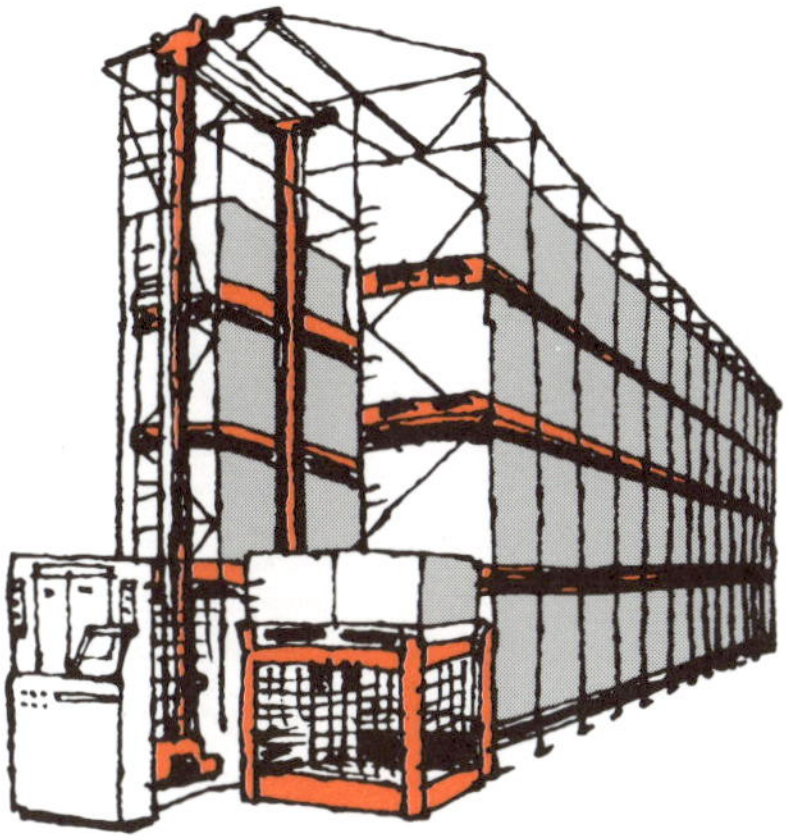

自動倉庫

仕分け機(DAS)

ピッキングシステム(DPS)

無人搬送フォークリフト(AGF)

64 巨大化する物流施設における改善の方向性

自走式倉庫の活用でオペレーションを標準化

巨大化する物流施設のデザインの大きな特徴ともなっているのが自走式物流施設です。従来型の物流センターは多層階になっており、1階にトラックバースがあり、物品の入荷後に2階の保管スペースへ垂直搬送するというレイアウトになります。

しかし、入荷から入庫、棚入れ、格納・保管、出庫、出荷という一連の作業プロセスは、できることならばワンフロアで行うほうが効率は上がります。物流センターはワンフロアで完結しているほうが、オペレーションはスムーズに進みます。すなわち、平屋型施設のほうが多層階よりも優れています。しかし、大都市圏では地価などから平屋型物流施設の建設を断念することもありました。実際、物流施設に対して十分な敷地面積が確保できないケースが多く、広大な敷地に平屋型を建設することは難しくなります。そこで、日本の物流施設は伝統的に、多層階を貨物エレベータで結ぶかたちで行われてきたのです。

しかし、物流量が多ければ貨物エレベータが複数基必要になりますし、ピーク時におけるエレベータ前での手待ちが多くなります。また、多層階のオペレーションは平屋に比べて作業者数なども多くなり、物流効率は平屋に比べて劣ります。「平屋型物流施設は理想ではあるが、日本では大きな平屋物流施設を構えることはできない」というのが、多くの物流関係者にとってあきらめにも似た考えでした。

そこに登場したのが自走式施設でした。自走式倉庫は多層階で構成されていますが、大型駐車場のように設置されたスロープ状の車路を通って、トラックが上層階へとダイレクトに入荷・納品できます。出荷の際も、上層階に上がってきたトラックに直接、荷を積込むことができます。自走式物流施設は優れたコンセプトが多くの物流関係者に支持されて、物流不動産の標準スペックとして認知されるようになったのです。

要点BOX

- ●物流作業はワンフロアで完結するのが効率的
- ●自走式倉庫の誕生によりスロープを活用して、ダイレクトでトラック納品

庫内基本レイアウトと動線

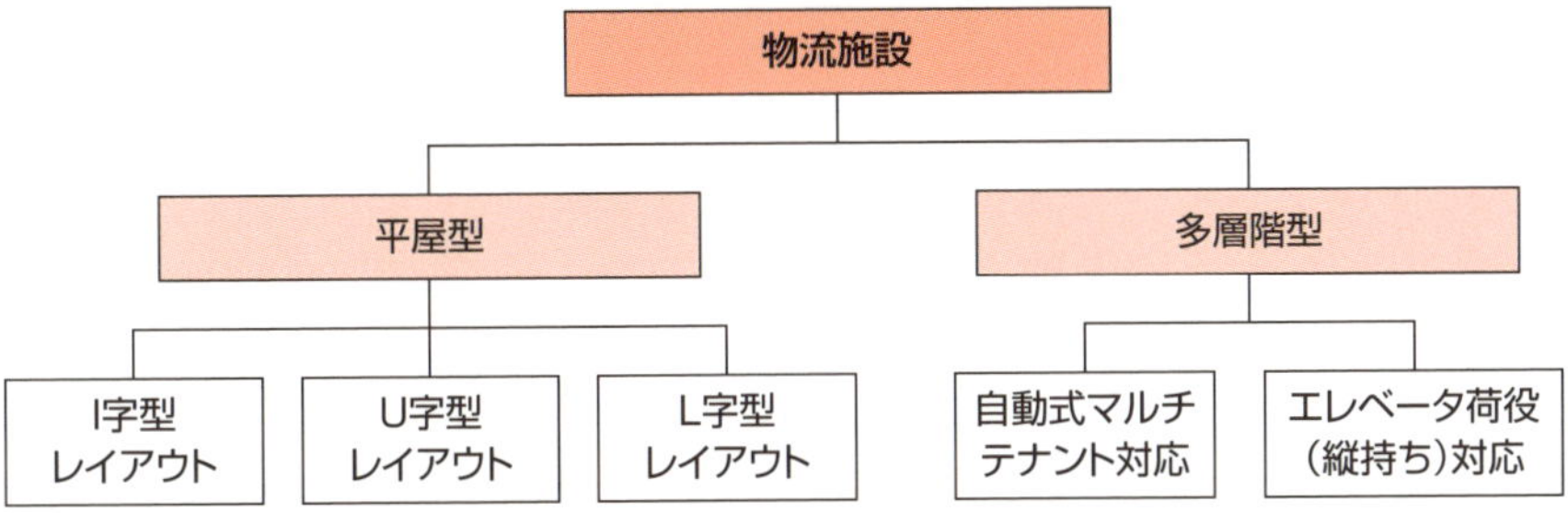

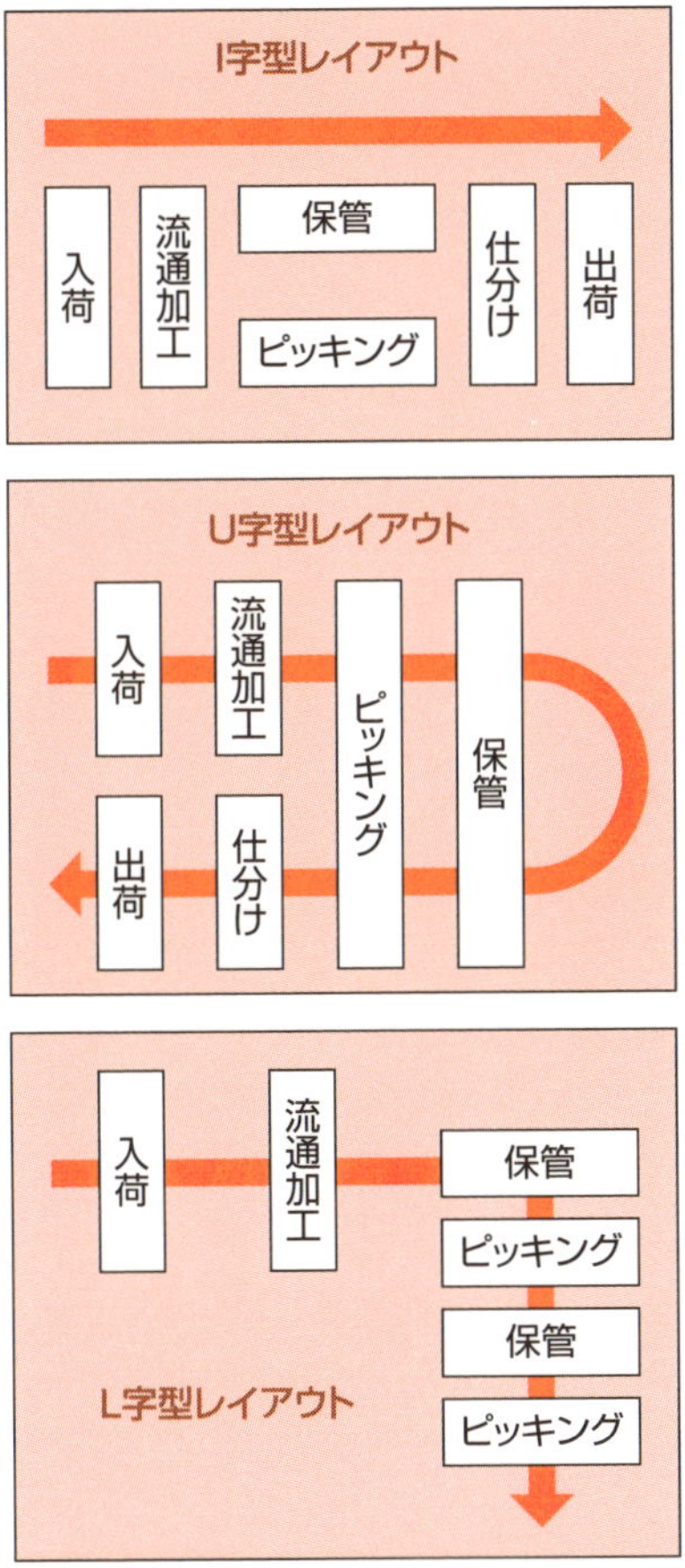

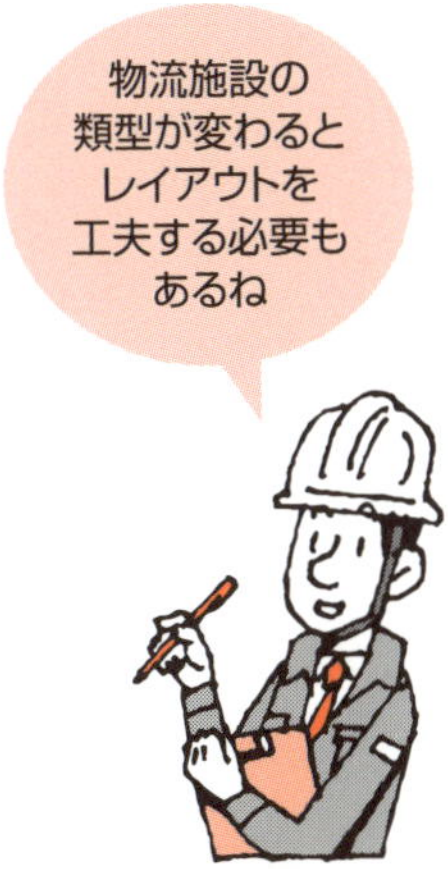

用語解説

物流施設：建物自体を指す不動産用語
倉庫：倉庫業法による物流オペレーションとその建物

65 ホワイト物流の推進に対応

コンプライアンス重視の現場環境を構築

働き方改革関連法の施行に基づき、トラックドライバーには労働時間の上限が設定されました。「トラックGメン」による不適正な取引の監視なども強化されています。荷主企業もホワイト物流を推進し、働き方改革の流れに真摯に対応していくことが責務となっています。

トラックドライバーの労働時間の長時間化の一因となっているのが、荷待ち、荷積み、荷卸し、荷捌きや納品などに関わる一連の作業負担です。トラックドライバーの労働時間には運転時間に加えて、荷待ち時間や荷捌き時間もカウントされることになるので、これまでと同じような作業時間を想定していると、トラックドライバーの労働時間はあっという間に上限に達してしまいます。トラックドライバーが不足している状況を鑑みれば、そのような状態でも代わりの運転者を確保することは簡単ではありません。したがって、工場や物流センターでの荷積み、荷卸し、荷捌きをより迅速に行うことが求められます。

食品業界では、一般社団法人日本加工食品卸協会が、物流の適正化・生産性向上に向けた荷主事業者・物流事業者の取組みに関するガイドラインを作成しています。ガイドラインでは、トラックドライバーの長時間におよぶ待機時間の解消を念頭に、入荷（バース）予約システムの導入や事前出荷情報（ASN）データの普及などが推奨されています。

トラック納品は先着順となることが多く、順番待ちのトラックが近隣道路に待機の列を作るなど、トラックドライバーの労働環境の悪化の要因ともなってきました。解決策として、納品の順番を事前にクラウド経由で予約できるようにするシステムの導入が考えられます。これにより、荷待ち時間が解消されます。改善の視点から考えれば、物流現場は入荷予約システムの導入にあわせた現場の再構築なども必要になってきます。

要点BOX

- ●トラックドライバーの労働時間に配慮
- ●待機時間を減らす改善が必要
- ●荷役分離の推進で作業効率を改善

バース予約システムの概要

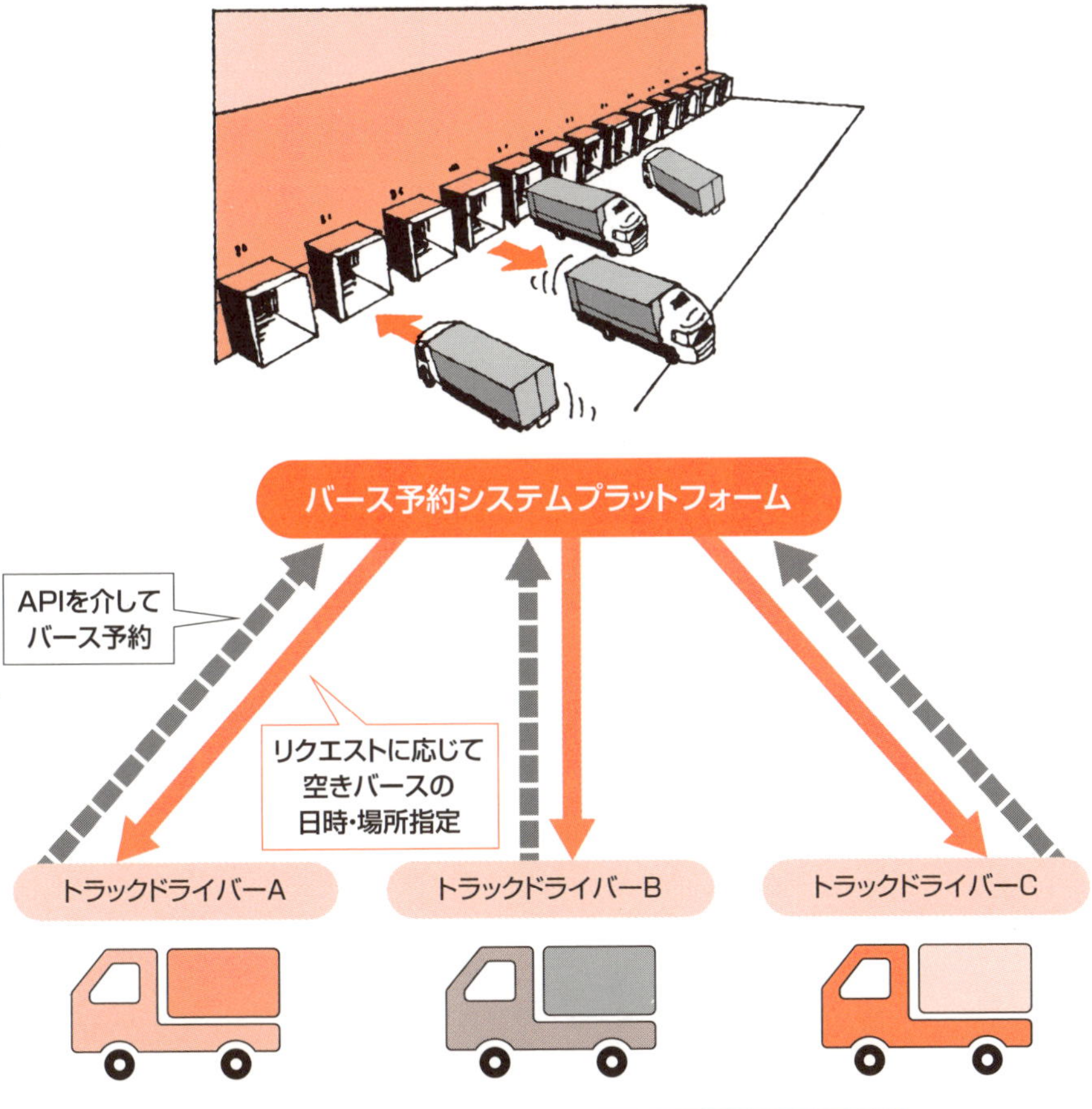
バース予約システムプラットフォーム
APIを介して
バース予約
リクエストに応じて
空きバースの
日時・場所指定
トラックドライバーA
トラックドライバーB
トラックドライバーC

トラックバースを事前予約することで、トラックドライバーの
バース待機時間、手待ち時間を大幅に短縮できる

出典:特許7148960号(発明者: 鈴木 邦成、村山 要司、出願人／特許権者: 学校法人日本大学)などを参考に作成

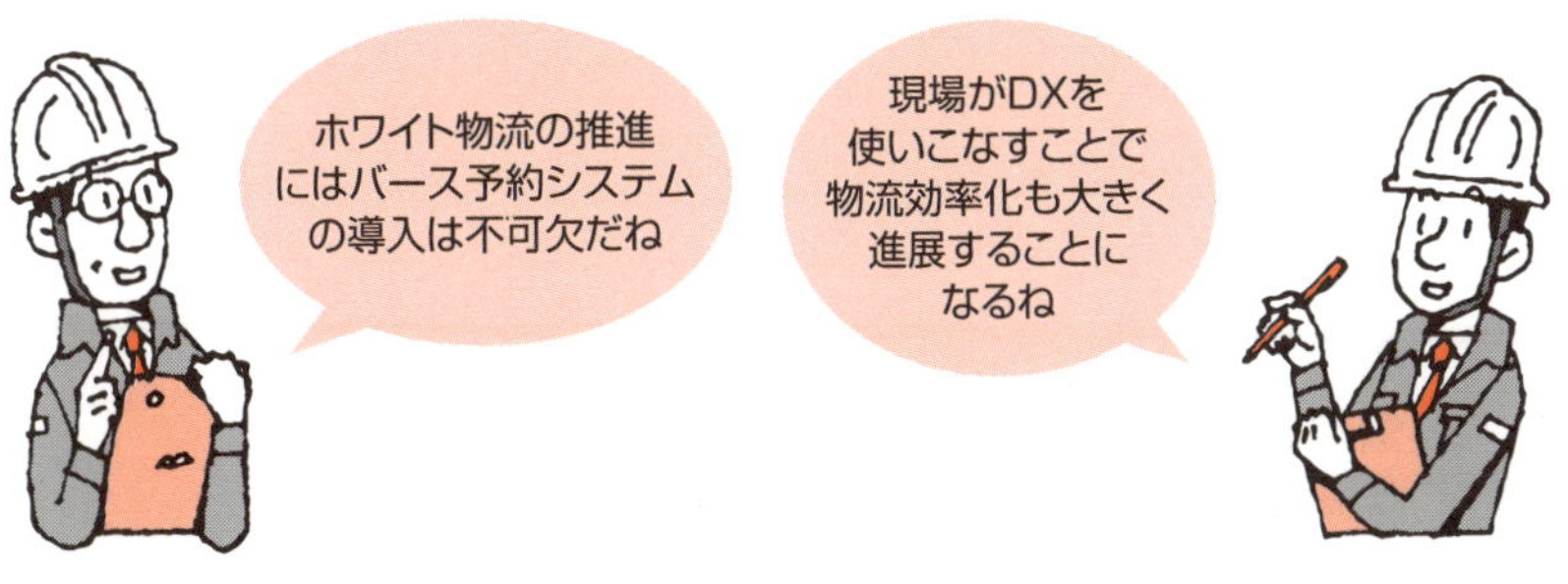
ホワイト物流の推進
にはバース予約システム
の導入は不可欠だね
現場がDXを
使いこなすことで
物流効率化も大きく
進展することに
なるね

66 環境対策・SDGsの視点からの物流現場改善の推進

CO_2排出量削減を指標に効率化を実現

地球環境問題と物流・ロジスティクスの高度化には密接な関係があります。近年の傾向としては、グリーン物流だけでなく、戦略的にコストメリットを追求する姿勢が重視されています。「環境にも配慮しながら現場改善を進めていく」のがトレンドといえましょう。

SDGsの注目が高まっているなか、包装のグリーン化や3R（リサイクル、リユース、リデュース）などを推進することによる社会的なイメージアップが重視されることも少なくありません。それに加えてコスト面からのメリットを実現できれば、より積極的に推進されることは間違いありません。

物流現場の現状分析を行う際に、コスト、効率、コンプライアンスなどに加えて、環境関連の指標をチェックし、「どのように改善の道筋を示せば、CO_2削減に貢献できるか」「リサイクル率などを向上させるにはどのような方策をとるべきか」を検討する習慣をつけることが大切になってきます。

たとえば、納品トラックの待機時間や荷役時間を短縮することは、CO_2排出量を削減することにつながります。また、納品の段ボール箱を通い箱に切り替えることで循環型システムの構築が可能になります。そのほか、現場改善とあわせて共同物流やモーダルシフト輸送を導入することも有力な選択肢です。

たんに物流・ロジスティクス領域のみのグリーン化を図るのではなく、サプライチェーン全体のグリーン化、すなわちグリーンサプライチェーンの構築が求められています。設計、調達、生産、動脈物流、静脈物流の各部門で環境対策を進めていくことになりますが、あわせてDXの導入も不可欠です。

3Rなどを重視した循環型社会の構築に大きな注目が集まっていることをふまえ、産業廃棄物などを適正に処理して現場改善を進めていく必要があります。製品の回収からリサイクルに至る静脈部門の効率化を進めていくことも求められるのです。

要点BOX

- ●環境対策と現場改善を両立する
- ●組み合わせて考えることが大切
- ●循環型システムの戦略的構築が必要

グリーンサプライチェーンの構築

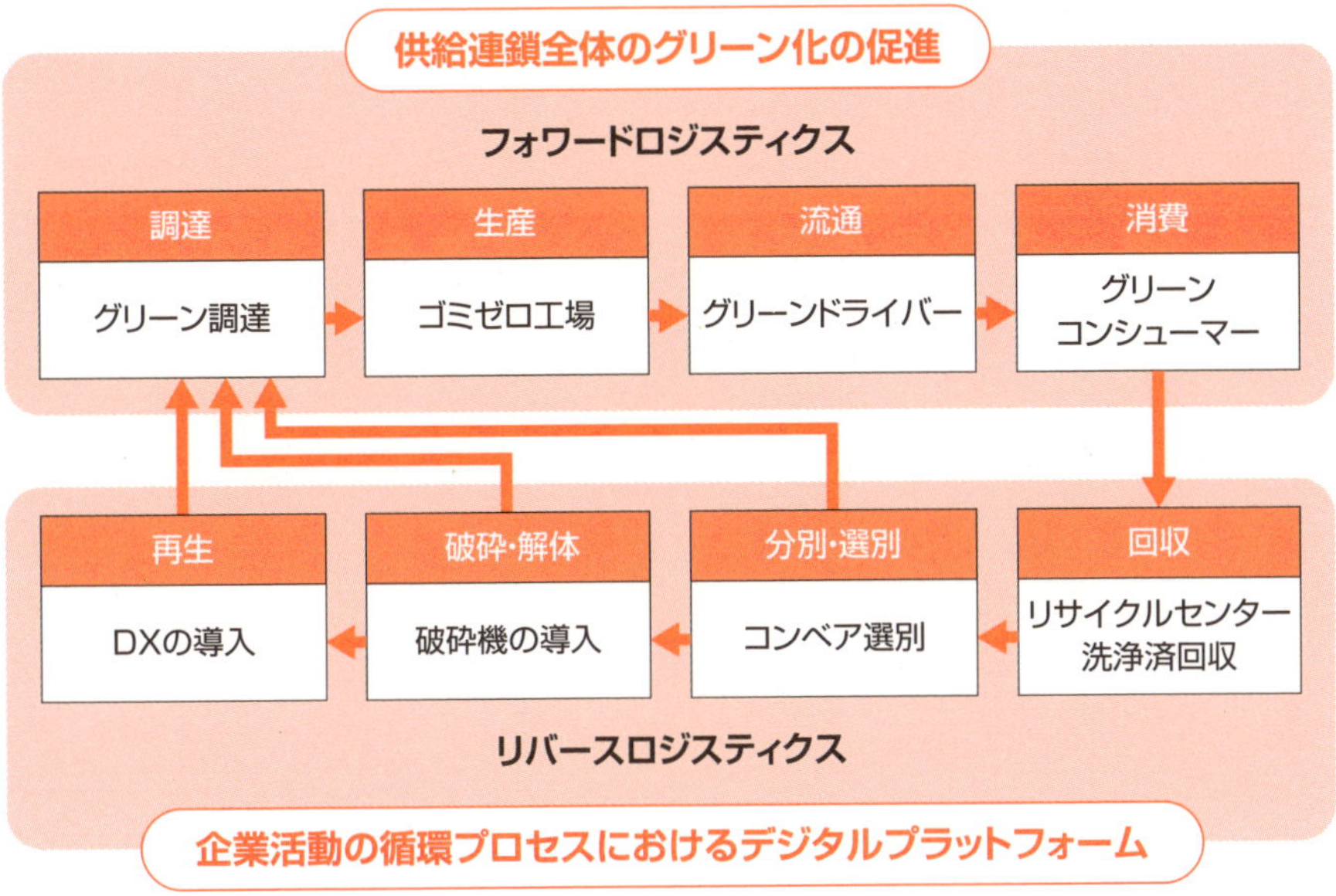

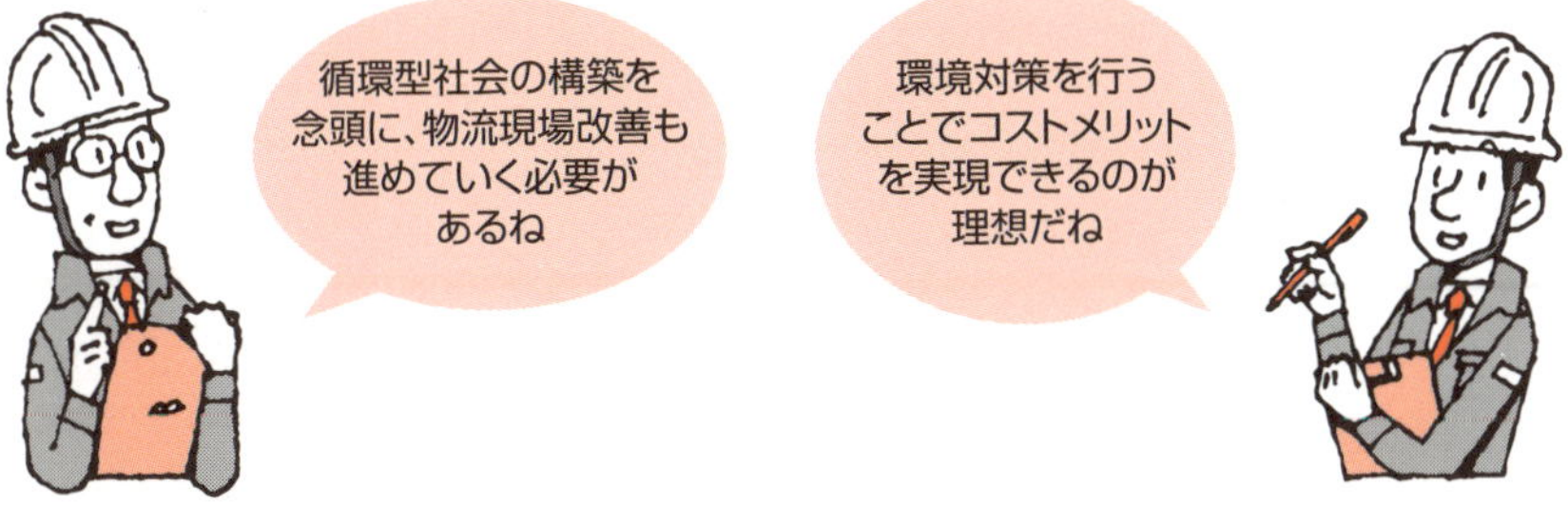

Column

物流現場の安全管理

物流センターなどの荷役における運搬作業における事故も少なくありません。人力による運搬については安全マニュアルを作成し、それをきちんと守るようにします。

運搬を安全に行うためには、「運搬に適した場所で運搬しやすい荷物を安全な方法で運ぶことができるか」をしっかりチェックするようにしましょう。

なお、運搬を行うにあたっては、頭上での運搬、後ろ向きでの運搬などは危険な運搬となります。梱包などがきちんとされていない荷物の運搬も危険です。狭い場所での長尺物などの運搬も避けるようにします。荷の投げ積み、投げ降ろし、中抜きなどが発生しない現場を作り上げる必要もあります。

また、物流センターなどでのトラック誘導の際にも事故が発生しないように注意します。通行車両、歩行者など、全体の安全状況を確認する監視係を配置します。安全にトラックを誘導できるようにトラック誘導の計画をきちんと立て、マニュアルに基づいて誘導を行うようにします。さらに作業服をきちんと着用することも重要です。ヘルメットや安全帽などはまっすぐにかぶり、あごひもをしっかり正しく結びます。上着はズボンのなかにきちんと入れ、ボタンはしっかり留めます。危険物をポケットに入れたり作業服の袖まくりをしたりすることなども避けます。

加えて、作業服などは定期的に洗濯を行い、汚れが目立ったり、ほころびが生じたりすることがないように気をつけます。作業服が汚れている場合、作業工程に何らかのムダ、ムリ、ムラが存在する可能性が考えられます。したがって、作業服の汚れに物流現場の課題や矛盾が潜んでいる可能性があることに注目する必要があります。

索引

今日からモノ知りシリーズ
トコトンやさしい
物流現場改善の本

NDC 336

2024年10月28日　初版1刷発行

©著者　鈴木 邦成
発行者　井水 治博
発行所　日刊工業新聞社
東京都中央区日本橋小網町14-1
（郵便番号103-8548）
電話　書籍編集部　03(5644)7490
販売・管理部　03(5644)7403
FAX　03(5644)7400
振替口座　00190-2-186076
URL https://pub.nikkan.co.jp
e-mail info_shuppan@nikkan.tech
印刷・製本　新日本印刷（株）

● DESIGN STAFF
AD ――――― 志岐滋行
表紙イラスト――― 黒崎　玄
本文イラスト――― 小島サエキチ
ブック・デザイン― 黒田陽子
（志岐デザイン事務所）

●
落丁・乱丁本はお取り替えいたします。
2024 Printed in Japan
ISBN　978-4-526-08356-3　C3034

●
本書の無断複写は、著作権法上の例外を除き、禁じられています。

●定価はカバーに表示してあります

●著者略歴

鈴木 邦成（すずき・くにのり）

物流エコノミスト、日本大学教授（物流・在庫管理などを担当）。一般社団法人日本ＳＣＭ協会専務理事。日本物流不動産学研究所アカデミックチェア。レンタルパレット大手のユーピーアールの社外監査役も務める。

主な著書に『基礎からわかる物流現場改善』、『現場で役立つ物流／小売・流通のＫＰＩカイゼンポケットブック』、『入門 物流現場の平準化とカイゼン』、『入門 物流（倉庫）作業の標準化』、『お金をかけずにすぐできる事例に学ぶ物流現場改善』、『図解 国際物流のしくみと貿易の実務』、『図解 物流の最新常識』、『トコトンやさしいＳＣＭの本 第３版』、『トコトンやさしい物流の本 第２版』『トコトンやさしい小売・流通の本』（いずれも日刊工業新聞社）、『すぐわかる物流不動産』（白桃書房）『シン・物流革命』（幻冬舎）などがある。

物流・ロジスティクス・サプライチェーンマネジメント関連の学術論文、雑誌寄稿なども多数。